Julius Zwiedinek von Südenhorst, A Rehn

Syrien und seine Bedeutung für den Welthandel

Julius Zwiedinek von Südenhorst, A Rehn

Syrien und seine Bedeutung für den Welthandel

ISBN/EAN: 9783742869708

Hergestellt in Europa, USA, Kanada, Australien, Japan

Cover: Foto ©ninafisch / pixelio.de

Manufactured and distributed by brebook publishing software (www.brebook.com)

Julius Zwiedinek von Südenhorst, A Rehn

Syrien und seine Bedeutung für den Welthandel

SYRIEN

und seine

BEDEUTUNG FÜR DEN WELTHANDEL.

Verfasst von

JULIUS ZWIEDINEK VON SÜDENHORST,
k. u. k. General-Consul in Beirut.

unter Mitwirkung der Herren

A. REHN, k. u. k. Vice-Consul in Beirut, J. BERTRAND, k. u. k. Vice-Consul in Damascus, A. PASCOTINI, k. u. k. Vice-Consul in Cypern, der Handelsfirmen GEBRÜDER POCHE und GEBRÜDER ALTARAS in Aleppo und des Herrn LEITHE in Beirut.

Mit Tabellen und Karten als Anhang.

WIEN 1873.

ALFRED HÖLDER

(BECK'sche Universitäts-Buchhandlung)

Rothenthurmstrasse 15.

EINLEITUNG.

Das Consulargebiet des k. und k. General-Consulates in Beirut erstreckt sich nach der Amtsinstruction auf das Land, das im Norden von der Gebirgskette des cilicischen Taurus und vom Districte von Adana, im Süden von Palästina, gegen Osten vom Euphrat und der Wüste von Damascus und im Westen von dem mittelländischen Meere begrenzt wird. Da ausserdem noch das Paschalik, jetzt Vilajet von Bagdad und die Insel Cypern dazu gehört, so umfasst es jedenfalls ein Gebiet, das seit dem entlegensten Alterthum in der Geschichte des Welthandels eine hervorragende Rolle gespielt hat. Zwar ist die Führerschaft auf dem Felde commercieller Thätigkeit, die einst die Bewohner der Städte der syrisch-phönizischen Küste für sich in Anspruch nehmen konnten, denselben lange schon abhanden gekommen, nur dürftige Ruinen verkünden noch die Stellen, wo vormals die mächtigen und blühenden Handelsplätze Tyrus und Sidon gestanden, ebenso ist Babylon untergegangen, dieser wichtigste aller asiatischen Stapelplätze zwischen Euphrat und Tigris in vorchristlicher Zeit und Antiochia, die blühendste der von den Seleuciden zur Verherrlichung ihrer Herrschaft errichteten Städte, liegt grösstentheils verödet. Gewaltige politische Stürme sind im Laufe der Jahrhunderte über diese Gegenden dahingebraust, so dass grosse und mächtige Reiche unter ihrem Anprall in Schutt und Trümmer sanken, aber die günstige geographische Lage des Landes, der natürliche Reichthum seines Bodens, die Intelligenz eines Theiles seiner Bewohner liessen den Verfall nie zu einem bleibenden werden, neue Schöpfungen

traten an die Stelle der zu Grunde gegangenen, und wenn
sie auch nicht mehr den Glanz und die Grösse der früheren
zu erreichen im Stande waren, so sind sie doch noch immerhin
von hoher Bedeutung im Verkehrsleben der Völker und
verdienen deshalb eine nähere Beachtung in einer Darstellung
des Welthandels in seinem gegenwärtigen Stadium mit Rücksicht
auf ihre Vergangenheit, sowie ihre mögliche zukünftige
Entwickelung.

Indem wir uns also anschicken, eine statistisch-commercielle
Schilderung der Provinzen des türkischen Reiches zu
entwerfen, welche innerhalb des Consulardistrictes von Beirut
liegen, müssen wir diese Arbeit auf das eigentliche Syrien,
d. h. auf die Länder der Küstenstrecke von Tarsus bis Caifa
im Westen und dem Euphrat und der syrischen Wüste im
Osten mit Hinzufügung der Insel Cypern beschränken, da
Zeit und Gelegenheit eine Ausdehnung unserer Studien auf
das Vilajet von Bagdad, wo keine ö.-u. Vertretungsbehörde
besteht, unmöglich machte. Trotz dieser engeren Begrenzung
unserer Aufgabe wird sich übrigens bei Besprechung der
Handelsverhältnisse von Damascus die Möglichkeit ergeben,
auch auf den Transitverkehr näher einzugehen, welcher durch
diesen Platz noch heut zu Tage zwischen Bagdad und den
Häfen der syrischen Küste vermittelt wird und somit ein
möglichst vollständiges Bild zu liefern von dem Antheil, den
Syrien in Folge seiner centralen Lage zwischen Europa und
dem östlichen Asien an dem Weltverkehre gegenwärtig
nimmt und voraussichtlich noch in Zukunft zu nehmen berufen
ist.

Geographische Lage, Bevölkerung, administrative Eintheilung.

In der von uns festgestellten Begrenzung wird unsere
Schilderung sich, nach der gegenwärtigen administrativen
Eintheilung des osmanischen Reiches, zuvörderst auf die
beiden Vilajets (General-Gouvernements) von Aleppo und
Damascus und des Mutesariflik von Cypern erstrecken.

Zwischen dem armenisch-cilicischen Hochlande des
Taurus und dem Tieflande Egyptens gelegen, erhält Syrien,
zu welchem in weiterem Sinne auch Palästina gezählt werden
muss, im Wesentlichen seine plastische Gestaltung durch

den langgestreckten Gebirgszug, welcher in der Mitte, zwischen dem schmalen Küstensaume im Westen und einer hohen Plateaufläche im Osten, von Süden nach Norden sich hinzieht und durch seine colossale Gesammterhebung in dem Gebirgsknoten des alpinen Libanon das entgegengesetzte Gesenke der beiden Hauptlängenthäler des Jordanthales gegen Süden und des Orontesthales gegen Norden bedingt. Dieser Gebirgszug ist zusammengesetzt aus verschiedenen parallelen Bergreihen, die ostwärts zu einer grösseren Höhe aufsteigen und sich zu mächtigen Gebirgsmassen zusammenschaaren, während sie sich nach der Meeresseite westwärts nur zu mässigen Vorketten hinabsenken, die, von vielen Küstenströmen mit ihren Klüften durchbrochen, eine mannigfache Gliederung des parallelen Gestades verursachen. Der mittlere Theil des Gebirges, der eigentliche Dschebel-Liban der Araber, bildet ein 6 Meilen langes Plateau, das südlich den etwa 7776' hohen Dschebel-Sanin, nördlich den etwa 8796' hohen Dschebel-Makmel zu Eckpfeilern hat. Während reichlicher Schnee viele Monate hindurch diese Hochwarten des Landes bedeckt, sind die westlichen, dem Meere zugewandten Thäler von ihren arbeitstüchtigen Bewohnern sorgsam bepflanzt und cultivirt, und wo am Gestade, an der Mündung der Ströme eine reichliche Bewässerung den Anbau begünstigt, gleicht die Landschaft durch die Ueppigkeit ihrer Vegetation einem wohlgepflegten Garten. Nahezu in gleicher Richtung mit dem Libanon, jedoch etwas mehr gegen Norden zurückgebeugt, hebt sich östlich der Antilibanon, der mit seinem Schneegipfel Dschebel-esch-Scheich (Hermon) 9500 bis 10,000 Fuss emporragt, in seiner mittleren absoluten Höhe ungefähr 4000' erreicht. Der westliche Abfall dieses Gebirges in die Ebene von Balbek ist steil, nicht sehr fruchtbar, die Plateaus und Thäler auf dem breiten Bergrücken hingegen dienen theils mit ihren schönen Grasungen als Weideland der Heerden, theils sind sie auch angebaut. Gegen Osten steigt der Antilibanon terrassenförmig zu der grossen Wüste Syriens hinab und nur der letzte Abfall in die an 2000' hoch liegende Ebene von Damascus ist wieder steil und prallig. Zwischen diesen beiden langgestreckten Hochgebirgsketten, dem Libanon im Westen und dem Antilibanon im Osten, liegt die hohe Thalebene Coelesyriens (Bekaa), ein mächtiges

Längenthal von einer Ausdehnung von nahezu 7 Tagereisen aber nur mässiger Breite (2 bis 3 Stunden), im Süden durch die verengte Thalschlucht des Litani (Leontes-Flusses) völlig abgeschlossen, gegen Norden zu offen und nur von dem Wasser des Orontes begrenzt. Dieses ganze schöne Thal ist grösstentheils mit tiefem Culturboden bedeckt, und wenn davon jetzt grosse Strecken unbenützt wüst liegen, so ist dies nur die Folge mangelnden Anbaues, da zahllose Ruinen einstmals blühender Ortschaften von dem Wohlstande Zeugniss geben, der in früheren Jahrhunderten in diesen Gegenden heimisch war. Gleichsam als Fortsetzung Coelesyriens kann die reiche und fruchtbare Ebene angesehen werden, welche bei Antiochien beginnt und sich bis nach Emesa (heute Hums), dem ehemaligen Centrum des alten Königsreichs der Seleuciden, hinzieht. Sie dient dem mittleren Orontes-Strom als Bett und ist durch eine wunderbare Ergiebigkeit ausgezeichnet.

Nur wenige gangbare Pässe führen von dem syrischen Gestade über die Höhe des Libanon nach Coelesyrien und über die Kette des Antilibanon nach den östlichen Hochebenen, so dass ein directer Verkehr zwischen den Küstenstädten und dem Innern Syriens nur auf der Hauptstrasse zwischen Beirut und Damascus von Bedeutung ist, sonst aber auf weitem Umwege den Antilibanon umgeht und die Häfen von Alexandrette und Tripolis zum Ausgangspunkte hat. Leider mangeln Syrien grössere schiffbare Flüsse, welche die Verbindung mit der Küste und dem Innern erleichtern würden.

Der Orontes, der grösste Strom im nördlichen Syrien, welcher im Nordosten von Balbek aus der Basis des Libanon hervorfliesst und sogleich in einer Breite von 50 Fuss mit einer Tiefe von 4 Fuss im wüthenden Laufe seine gewaltige Wassermenge gegen den Norden fortwälzt, um schliesslich, nachdem er über 100 Meilen in derselben Richtung durchmessen, mit einer Westwendung das Meer zu erreichen, wurde zwar in früheren Zeiten und noch zur Zeit der Kreuzfahrer sehr häufig von Flotten beschifft, die Proviant von der Mündung bis zu der 13 Millien entlegenen Stadt Antiochia brachten; jetzt aber verschliesst eine schwer passirbare Barre den Eingang.

Auch der Litani (Leontes) entspringt nahe Balbek auf einer absoluten Höhe von gegen 4000′ über dem Meer, zieht anfänglich als träger, schleichender Strom durch die Bekaa, wird aber in dem engen Felsbette im Libanon zum reissenden Bergstrom, als welcher er sich zur schmalen Ebene hinabstürzt, welche dem Meeresufer entlang zieht, um schliesslich mit beruhigteren Fluthen das Meer im Norden von Tyrus zu erreichen.

Als dritter seiner Bedeutung nach unter den syrischen Flüssen verdient der Barada genannt zu werden, der, dem Schoosse des Antilibanon entspringend, nicht wie die vorgenannten westlich dem Meere zustrebt, sondern östlich nach einem Laufe von ungefähr 15 Meilen die Ebene von Damascus erreicht, die er, theils von Natur, theils künstlich in zahlreiche Arme und Canäle gespalten, durch reichliche Bewässerung in eine blühende Oase verwandelt und sich dann in den Seen von Merdj verliert.

Ohne dem Laufe des heiligen Jordanstromes zu folgen, dessen Quellgebiet gleichfalls in der Peripherie des greisen Hermon gelegen ist, lassen wir unsere Blicke von der Höhe dieses Bergriesen noch in südöstlicher Richtung hinüberstreifen bis zu dem an 6000′ hohen Kelb-Hauran, dem höchsten Punkte der Haurankette, dieser, so zu sagen, äussersten Aufgipfelung der hohen Plateauebene, die den Raum zwischen dem Hermonkegel im Nordwesten und dem Kelb-Hauran im Südosten ausfüllt und deren allgemeines Niveau durchschnittlich auf 2500′ geschätzt wird. Inmitten dieses Wechsels von steilen Gebirgsketten, die Syrien von Norden nach Süden durchschneiden, von Längen- und Querthälern, die seine Niederungen durchfurchen, fehlt es doch noch an bequemen Verbindungen zwischen den nördlichen und südlichen Regionen, zwischen dem Orontes- und Jordangebiete, und deshalb musste von jeher die Schifffahrt an der syrischen Küste den Mangel von Norden nach Süden ziehender Landwege ersetzen.

Städte wie Sidon, Tyrus, Aradus, Laodicea (Latakia), Tripolis, Byblus, Beritus (Beirut), Ptolemais (St. J. d'Acre) dienten dieser Schifffahrt im Alterthum als Stützpunkte, von welchen einige ihre Wichtigkeit bis zum heutigen Tage erhalten haben. Sie entsprachen mehr oder weniger den

Mündungsstellen der Küstenflüsse, welche wie der Nahr-el-Kebir, der Nahr-el-Kelb, Nahr-Beirut, der Nahr-el-Auli etc. von dem Libanon dem Meere zuströmen. Was nun die Küste selbst anbelangt, so zieht sie sich vom Cap Karmel (32° 50′ n. Br.) nordwärts bis in den innersten Winkel des Golfes von Alexandrette (36° 56′ n. Br.), oder in directer Distanz einige 50 deutsche Meilen weit in immer fortschreitender östlicher Abweichung der Meridiane. Ihre Krümmung, obgleich gering im Vergleiche mit vielen anderen Gestadelinien, ist doch durch die vielen vorspringenden kleineren und grösseren Vorgebirge des Landes, wie durch einige ziemlich tief einschneidende Buchten, von welchen die im Norden vom Cap Karmel, im Norden von Beirut und im Norden von Tripolis die bekanntesten sind, nicht ohne alle Bedeutung. Vor Allem aber verdient die grossartige Bai von Alexandrette genannt zu werden, denn schon im Alterthum, als die Mündung des Orontes noch schiffbar war, war sie ein wichtiger Angelpunkt des Verkehrs zwischen dem Occident und der hinter dem Euphrat und Tigris gelegenen Länder, und wenn die lang projectirte Bahn, die von dieser Meeresbucht aus bis nach Bagdad geführt werden soll, schliesslich zu Stande kommt, dann dürfte dieser Punkt der syrischen Küste bald für den Welthandel eine weit grössere Wichtigkeit erlangen, als je zuvor.

Sonst giebt es nur offene Rheden der ganzen Küste entlang, meist klippenreich, mit steinigem oder sandigem Ankergrund, so dass sich die Dampfer gewöhnlich nur bis zu einer Entfernung von $1\frac{1}{2}$ Seemeilen nähern, wo sie noch immer eine Wassertiefe von 6—10 Faden finden. Die vorherrschenden Winde sind der West-, Südwest- und in den Monaten Februar und April der Südwind, Chamsin genannt. Eine fast stetige Küstenströmung bedingt den heftigen Wogenschlag, der die flachen Gestade durch Dünenreihen beständig zu erweitern bestrebt ist, so dass die neueren Seestädte im Vergleiche zu ihren Vorgängern im Alterthum alle mehr gegen West vorgerückt erscheinen. Die zahlreichen Küstenflüsse bieten den vorbeiziehenden Schiffen die Möglichkeit, sich mit frischem, süssem Wasser zu versorgen, doch hat dies bei einigen, wie dem Abu-Aly, Nahr-Barid u. s. w. seine Schwierigkeit, da der hohe Wellenschlag der Brandung an den Mündungen der Flüsse die Annäherung zu einer besonders gefahrvollen macht.

Mannigfach wie die Gestalt des Landes, das wir somit in seinen allgemeinen Umrissen geschildert haben, ist auch das Klima desselben. Während am Gestade und in den Niederungen die Temperatur, wenige Wintermonate ausgenommen, eine sehr hohe ist und mit jener Egyptens nahezu übereinstimmt, gelangt man, je höher man in die Berggegenden hinaufsteigt, in kühlere Regionen. In dem hohen Gebirgslande ist der Winter (November bis April) kalt, wie in Norddeutschland, oft bedeckt der Schnee 3 Fuss hoch den Boden; auf einen milden Frühling folgt dann ein heisser Sommer, der den Wein, die Maulbeere, Olive, Baumwolle etc. reifen lässt. Im Küstengebiete aber, in der Ebene des Orontes, im Jordanthale und anderseits in der Ebene von Damascus, bleiben Orangen, Bananen etc. im Winter im Freien und der Sommer ist erdrückend heiss; die Stelle des Winters vertritt hier die Regenzeit (April und November bis Januar). Im südöstlichen Theile Syriens bringt der ebenfalls milde Winter doch noch Schnee und Frost, den heissen Sommer bezeichnen ausdörrende Winde aus der Wüste. Viele Gegenden leiden jährlich am Fieber, namentlich die flachen Küstenstriche, hingegen gelten die im Südosten an die syrische Wüste grenzenden Gegenden als durchschnittlich gesund. Berühmt wegen seines ausgezeichneten Klimas ist Beirut, wo die Nähe des Gebirges den Bewohnern Gelegenheit bietet, während der heissesten Sommermonate höher gelegene und kühlere Ortschaften zu ihren Wohnsitzen zu wählen, während die milde, gleichmässige Temperatur im Winter den Aufenthalt in der Stadt selbst zu einem ebenso zuträglichen als angenehmen macht. Selbst der in nördlicheren Zonen gross gewordene Europäer acclimatisirt sich hier ohne merkliche Schwierigkeit und dieser Vorzug mag wohl mit zu der raschen Vermehrung europäischer Handelsetablissements in Beirut beigetragen haben.

Die grossen staatlichen Umwälzungen, deren Schauplatz seit den ältesten Zeiten das syrische Land gewesen, die Völkerströme, die über dasselbe hinweggezogen, haben eine so bunte Mischung der Bevölkerung hier zur Folge gehabt, wie sie in ähnlichem Masse kaum irgend wo anders auf der bewohnten Erde anzutreffen sein dürfte. Assyrier, Chaldäer, Perser, Griechen, Römer, Araber und schliesslich die Türken suchten während der Dauer ihrer Herrschaft feste Wurzel im Lande selbst zu fassen und durch nationale Einwanderung das vor ihnen herrschende Element zu verdrängen, und so ist es leicht erklärlich, dass noch heut zu Tage Reste all dieser verschiedenen Völkerstämme in Syrien anzutreffen sind. Doch lassen sich im Allgemeinen im Umfange der Vilajets von Damascus und Aleppo zwei Hauptracen der Bevölkerung unterscheiden, und zwar:

1. Die *türkische* oder vielmehr *ottomanische* Race. Obgleich seit der Eroberung Syriens unter Sultan Selim I. im Jahre 1518 die herrschende, ist sie doch nur sehr schwach vertreten. Man kann die Anzahl der ottomanischen Türken in ganz Syrien auf ungefähr 80.000 Individuen schätzen. Man findet sie vorzüglich in den Städten, wo sie mit den Civil- und Militärämtern bekleidet sind. Verschieden von ihnen, obgleich derselben Race angehörig, sind die Turkomanen, die sich als Wanderstämme in den östlichen Districten der Mutesarifliks von Aleppo und Damascus umhertreiben, und zwar vorzüglich während der warmen Monate, im Winter hingegen mit ihren Kameel-, Büffel-, Schaf- und Ziegenheerden die kälteren Gegenden Armeniens und Karamaniens aufsuchen. Turkomanen sowohl als Türken sprechen die türkische Sprache im Gegensatz zu allen übrigen Bewohnern Syriens, welche hartnäckig der Annahme des Idioms ihrer gegenwärtigen Beherrscher widerstreben.

2. Die *arabische* oder *syrische* Race. Ihr gehört der grösste Theil der syrischen Gesammtbevölkerung an. Sie theilt sich ab in die sesshaften Bewohner der Städte und Dörfer, die sich mit Industrie und Handel beschäftigen, oder Ackerbau treiben und in die Nomadenstämme (Beduinen), die vorzüglich der Viehzucht obliegen und deren Hang nach ungebundener Freiheit bisher jede feste Ansiedelung, sowie ihre Unterwerfung unter eine gesetzliche, staatliche Ordnung verhindert hat.

Aehnlich in ihrer Lebensweise mit den Beduinen, doch der Abstammung nach verschieden, sind die Kurden, die sich an der nordöstlichen Peripherie des Vilajets von Aleppo gegen Mesopotamien hin in grösserer Anzahl (bei 40.000) aufhalten. Ausser dem türkischen und arabischen ist noch das armenische und griechische Element in Syrien vertreten, doch sind die letzteren nirgends vorherrschend, sondern bilden nur schwache Contingente der Städtebevölkerung im Innern sowohl als an der Küste.

Der Religion nach theilt sich die Bevölkerung in *Mohammedaner*, und zwar sunnitische Mohammedaner und schiitische (Metualis), in *Christen* und zwar Maroniten, lateinische Katholiken, griechisch unirte und griechisch nicht unirte, in *Drusen*, *Juden* und *Ansaries*.

Die ländliche Bevölkerung in ganz Syrien (der District des Libanon ausgenommen) hängt fast durchgehends dem Islam an, während die Christen ausser im Libanon sich vorzüglich in den grösseren Städten an der Küste aufhalten.

Nimmt man mit Ubicini für die Gesammtbevölkerung Syriens die Kopfzahl von 2,700.000 an, so sind davon circa 1,200.000 Mohammedaner, 400.000 Maroniten und lateinische Katholiken, 400.000 Griechen, 200.000 Israeliten, 350.000 Drusen, 150.000 Medualis, Jesiden und Ansaries. Nach der gegenwärtigen administrativen türkischen Eintheilung schliesst das von uns beschriebene Land zwei Vilajets oder General-Statthalterschaften in sich, und zwar:

I. Das Vilajet von Soria (Syrien im engern Sinne), mit dem Sitze des General-Gouverneurs in Damascus, und

II. das Vilajet von Aleppo.

Die Grenzen des Vilajets von Soria sind:

im Westen das mittelländische Meer, und zwar in der Ausdehnung von Kalaat-el-Arisch bis nahezu an die Mündung des Orontes;

im Norden und *Nordosten* der Orontes und das Vilajet von Aleppo, und zwar mit einer nahezu geraden Linie von der Ortschaft Schugr am Orontes bis zu Kalaat-Balis am Euphrat;

im Osten ist die Grenze unbestimmt, da die nomadisirenden Beduinenstämme, welche das gesammte Land zwischen dem Westufer des Orontes und dem syrischen Hochlande bis zum Euphrat einnehmen, als die eigentlichen Herren desselben angesehen werden müssen und eine genaue Feststellung der administrativen Bezirke nicht zulassen;

im Süden, wo das Vilajet von Damascus an jenes von Hedjaz sich anschliesst, läuft die Grenze von Kalaat-el-Arisch am Mittelmeere zur syrischen Pilgerstrasse, welche sie unterhalb Maan erreicht.

Die General-Statthalterschaft von Soria zerfällt in 8 Unter-Statthalterschaften (Mutesatifliks), und zwar:

1. *Damascus*, mit den Bezirken (Kazas) von Damascus, Balbek, Hasbeya, Rascheya und Bekaa-garbi. Dieses Mutesatiflik umfasst ausser den Hauptorten der Bezirke noch 356 Ortschaften mit ca. 30.884 Häusern;

2. *Jerusalem*, mit den Bezirken von Jerusalem, Jaffa und Hebron, sammt 276 Ortschaften mit ca. 24.230 Häusern;

3. *Beirut*, mit den Bezirken der Stadt Beirut und jenen von Saida und Sur, sammt 274 Ortschaften und 10.782 Häusern;

4. *Tripolis* (Tarabulus-isch-Scham), mit den Bezirken von Tripolis, Lattakia, Djeble, Akar und Safita, sammt 1598 Ortschaften und ca. 20.520 Häusern;

5. *St. Jean d'Acre* (Akka), mit den Bezirken von Akka, Caifa und Safed, sammt 160 Ortschaften und 11.023 Häusern;

6. *Hama*, mit den Bezirken von Hama, Homs und Hasn-el-Ekrad, sammt 405 Ortschaften und 9935 Häusern;

7. *Hauran*, mit den Bezirken von Hauran, el-Kanitare und Dschebl-el-Druz, sammt 185 Ortschaften mit 4474 Häusern, und

8. *Balka*, mit den Bezirken von Nablus, Djenin, Adjlun und Salt, sammt 317 Ortschaften und 18.984 Häusern.

Im gegenwärtigen Augenblicke ist die Centralregierung mit Bildung eines neuen Mutesatifliks beschäftigt, das aus den Kazas von Gioff, Kerek, Tanaoniat, Salt und Maan bestehen wird. Der Zweck dieser neuen Schöpfung ist, die wandernden Beduinenstämme, welche diese Gegenden bewohnen, zu festen Ansiedelungen zu bewegen und die organischen Gesetze, welche im türkischen Reiche die leitenden sind, auch hier zur Geltung zu bringen. Gleichzeitig wurde der Bezirk von Salt von dem Mutesatiflik von Balka abgetrennt und mit dem neuen von Mohal vereinigt. Von diesem Districte erwartet man viel, denn er umfasst eine ziemlich grosse Anzahl von Dörfern und eine bedeutende Bevölkerung und dürfte bald noch andere Stämme der Umgebung an sich ziehen, wie die Scharat, die Houzem, Schomar-el-Ramel u. s. w. (Siehe Anhang: Bevölkerungstabelle Nr. 1.)

Die Unter-Statthalterschaften von Jerusalem und Balka gehören nach der ö.-u. Consularorganisation dem Consulat von Jerusalem an, das seit dem Jahre 1857 aus dem Verbande mit dem General-Consulate von Beirut losgelöst wurde, sie liegen deshalb ausserhalb des Kreises dieser Darstellung.

Innerhalb des Vilajets von Soria gelegen und doch unabhängig in seiner Verwaltung ist das Gouvernement des Libanon, das auf Grundlage eines im Jahre 1861 im Einverständnisse mit den Schutzmächten von der Pforte publicirten und im Jahre 1864 revidirten Reglements unter einen christlichen Statthalter direct der Centralregierung in Constantinopel untersteht. Die Grenzen dieses Gebirgslandes sind im Westen das mittelländische Meer und die Enclave des von Damascus dependirenden Bezirkes der Stadt Beirut, im Süden der Bezirk von Sur, im Osten die Bezirke von Balbek und der Bekaa und im Norden der Bezirk von Akar. Die Länge dieses Gouvernements beträgt 140, die Breite 46 Kilometer. Es zerfällt in die Kaimakamate von Kurd, Batrun, Kesravan, Meten, Zahle, Schuf und Dschezzin mit einer Gesammtbevölkerung von ca. 260.000 Seelen, welche nach der Confession sich ungefähr wie folgt vertheilt: 170.000 Maroniten, 29.000 Drusen, 26.000 nicht unirte Griechen, 18.000 unirte Griechen, 10.000 Matunlis und 7000 Muselmanen.

Die Grenzen *des Vilajets von Aleppo* sind:

im Westen das mittelländische Meer vom Orontes bis zur Mündung des Dschihan-Flusses, im Nordwesten und Norden das Süd-Ufer des letztgenannten Flusses und die Ausläufer des Bimboga und Gökdilli Dag in der cilicischen Tauruskette;

im Osten der Euphrat und sein Nebenfluss, der Nahr-Dschulab, und im Süden das Mutesariflik von Hama.

Dieses Vilajet umschliesst drei Unter-Statthalterschaften (Mutesariflik), nämlich:

1. Das Mutesariflik von Aleppo, mit den Bezirken von Aleppo, Aintab, Killis, Antakia (Antiochien), Dschisr-Schogr,

Idlib, Babu-Dschabul, Dchezim, Bilan, Izie, Maret-el-Naman und Jekianie, mit einer Gesammtbevölkerung von circa 399.355 Seelen;

2. das Mutesariflik von Orfa, mit den Bezirken von Orfa, Biredschik, Rum-Kala und Ferudj und einer Gesammtbevölkerung von 117.572 Seelen, und

3. das Mutesariflik von Marasch, mit den Bezirken von Marasch, Elbistan, Bazardschik, Enderin, Zeitun, Bulanik, Islatie und Chasse und einer Gesammtbevölkerung von 685.179 Seelen.

So interessant es auch wäre, am Schlusse dieser allgemeinen statistisch-geographischen Skizze Syriens in eine nähere Schilderung der Städte einzugehen, die ihre Entstehung und Fortdauer daselbst vorzugsweise dem Handel zu verdanken haben, so müssen wir uns doch, um nicht zu sehr in Einzelheiten einzugehen, hier auf eine Besprechung der Hauptmittelpunkte des Verkehrs beschränken, die nicht allein für den syrischen Markt, sondern für den Weltverkehr im grossen Ganzen von Wichtigkeit und Bedeutung sind. Solche Mittelpunkte sind Beirut, Damascus und Aleppo mit seiner Ein- und Ausfuhr-Eschelle Alexandrette.

Beirut ist unstreitig die wichtigste Stadt an der ganzen syrischen Küste. Schon zur Zeit der römischen Imperatoren ausgezeichnet durch vorgeschrittene geistige Bildung als Sitz einer der gediegensten Rechtsschulen im ganzen Reiche, sowie durch einen ausgedehnten und gewinnbringenden Handel, war sie zwar im Laufe der Jahrhunderte unter dem Einflusse ungünstiger Ereignisse und politischer Wechsel in Verfall gerathen, so dass sie vor ungefähr 20 Jahren kaum mehr als 20.000 Einwohner zählte, doch seit die Hindernisse immer mehr schwinden, welche die türkische Regierung früher der geistigen und materiellen Entwickelung ihrer christlichen Unterthanen zu bereiten gewohnt war, und vervollkommnete Communicationsmittel abendländischem Unternehmungsgeiste auch hier die Bahnen ebneten, ist dieser wichtige Platz wieder in raschem Aufschwunge begriffen, seine Bevölkerung hat sich fast vervierfacht, da sie jetzt ca. 80.000 Seelen beträgt, wovon ungefähr ein Drittel Mohammedaner, der Rest Christen der verschiedenen Confessionen und Israeliten sind. Die einheimischen und fremden Handelsetablissements in Beirut sind es, die so zu sagen den ganzen Waarenaustausch zwischen den auswärtigen Märkten und den innerhalb des Vilajets Soria gelegenen Plätzen vermitteln, und die Märkte aller anderen Handelsstädte der syrischen Küste von Beirut abhängig gemacht haben; denn im Wege der grossen Handelsfirmen von Beirut beziehen die Kaufleute von Jaffa, Caifa, Saida, Tripolis und zum Theile auch Lattakia die ausländischen Waaren, die sie für ihre Abnehmer im Innern der Provinz benöthigen, und ebenso müssen die über jene Eschellen zur Ausfuhr gelangenden Producte häufig ihren Weg nach Marseille, Triest, Liverpool etc. über Beirut nehmen.

Wie Beirut die Hafenstadt für Damascus, so ist es Iskenderun, d. i. Alexandrette, für Aleppo, denn der ganze Waarenzug Nord-Syriens nimmt seinen Weg über jenen von Aleppo ungefähr 17 Meilen entfernten Küstenort, welcher auf der Südseite des gleichnamigen Golfes in einer kleinen, wegen zahlreicher Sümpfe höchst ungesunden Ebene gelegen ist. Nur wenige Europäer wohnen in dem nahen Orte Bailan, und ihre ganze geschäftliche Thätigkeit beschränkt sich auf die Spedition der von und für Aleppo hier durchkommenden Waaren. Allerdings ist das heutige Aleppo nicht mehr die grosse berühmte Handelsstadt, nach welcher einst zahlreiche Caravanen aus dem Innern Asiens die Schätze Indiens, Persiens und Mesopotamiens brachten. In Folge der erleichterten Seeverbindungen hat der Verkehr seither andere Wege einschlagen gelernt, Indien sowohl als Persien sind in directere Verbindung mit Europa und dem Westen getreten und Aleppo verfügt nur noch über ein viel kleineres Absatzgebiet. Zwar strömen noch immer auf seinem Markte die Producte des Orontesgebietes, eines Theils Armeniens, Kurdistans und der Euphratländer zusammen, und von ihm beziehen die Bewohner aller dieser Gegenden ihren Bedarf an ausländischen Erzeugnissen, eine ihrer Vergangenheit würdige Zukunft als Weltemporium kann diese Stadt aber erst wieder hoffen, wenn die projectirte Verbindung des mittelländischen Meeres mit den Euphratländern durch eine Eisenbahn wirklich zu Stande kommt.

Gegenwärtig zählt *Aleppo* nach amtlicher Schätzung 10.713 Häuser mit 32.061 männlichen Einwohnern, wovon 21.380 Muselmanen, 8145 Christen und 2536 Juden sind. Einstmals war diese Stadt auch der Sitz einer sehr bedeutenden Industrie, ihre Seiden- und Baumwollstoffe, ihre Halbfabricate, ihre Goldbrocate und Silberfäden sind durch die Concurrenz mit allerdings weniger dauerhaften aber viel billigeren Importen, sowie durch drückende und unzweckmässige Localmassregeln der Regierung immer mehr vom Markte verdrängt worden, so dass von ca. 12.000 Webestühlen, die hier vor Zeiten in Thätigkeit waren, jetzt kaum mehr 2000 existiren, die sich grösstentheils nur noch mit der Erzeugung sehr roher und niedriger Fabricate beschäftigen.

Besser hat seinen alten Ruhm als eine der ersten Handelsstädte des Orientes *Damascus* zu erhalten gewusst, das wegen der Pracht seiner Vegetation und der Fülle seiner Producte den Arabern als das schönste der vier irdischen Paradiese gilt. Noch bildet es den Sammelplatz für die grosse Pilgercaravane, die von hier aus alljährlich nach Mekka und Medina ihre heilige Wanderung antritt, dabei aber nicht nur eine religiöse Bedeutung hat, sondern, da viele ihrer Theilnehmer die Gelegenheit zu sicherem Transporte ihrer Waaren benützen, gleichzeitig für den innern asiatischen Binnenhandel noch immer von einiger Wichtigkeit ist. Auch die Caravanenverbindung mit Aleppo und Bagdad besteht noch und ausserdem ist Damascus der Markt für all' die Beduinenstämme, welche die grosse syrische Wüste bevölkern. Es ist deshalb der Sitz reicher Grosshändler, deren Geschäfts-Verbindungen von den Ufern des Oxus bis zu dem fernsten Westen reichen, seine grossartigen, prachtvollen Bazare können, was Fülle und Mannigfaltigkeit der Waare anbelangt, mit jenen von Täbris, Constantinopel und Kairo wetteifern und ausserdem kann diese Stadt als Verdienst für sich in Anspruch nehmen, in einzelnen Industriezweigen den einst so vorgeschrittenen orientalischen Geschmack unverkümmert erhalten zu haben. Sie hat zwischen 170.000 bis 200.000 Einwohner (eine förmliche Volkszählung wurde bisher daselbst noch nicht durchgeführt), wovon ungefähr

$^2/_3$ Mohammedaner, die übrigen aber Christen der verschiedensten Confessionen und Juden sind.

Es erübrigt uns, hier noch mit einigen Worten der Insel Cypern Erwähnung zu thun, welche, obgleich nicht zum eigentlichen Syrien gehörend, wir doch als in dem Sprengel des k. und k. General-Consulates von Beirut inbegriffen und in commercieller Beziehung von letzterer Stadt in mancher Hinsicht abhängig, in den Rahmen dieser Arbeit aufnehmen zu müssen glaubten und deshalb bei Besprechung der einzelnen Artikel der Aus- und Einfuhr auch die den Handel dieser Insel betreffenden Daten anreihen werden.

Die Insel Cypern misst in ihrer grössten Längenausdehnung von Pafos bis zum Cap St. Andrea $30^{27}/_{100}$, und der Breite nach vom Cap Cormachiti bis zum Cap Gata $12^{8}/_{10}$ geographische Meilen und hat einen Gesammtflächeninhalt von $172^{97}/_{100}$ Quadratmeilen. Die Bevölkerung beläuft sich auf ungefähr 220.000 Seelen, wovon $^2/_3$ nicht unirte Christen, die übrigen Mohammedaner sind. Das durchschnittlich milde und gesunde Klima und die wunderbare Fruchtbarkeit des Bodens würden diese Insel zu einer der gesegnetsten der Erde machen, wenn nicht, in Folge des Mangels von fliessendem Wasser zeitweilige Dürre die Ernte beeinträchtigen würde. Ein grosses Uebel sind auch die verheerenden Heuschreckenschwärme, die das Land wiederholt heimgesucht haben. Der vorzüglichste Seeplatz der Insel ist Larnaca, eine Stadt von ungefähr 12.000 Einwohnern, wovon nur 1000 Mohammedaner, die übrigen fast alle nicht unirte Griechen sind. Die Rhede bietet den Schiffen einen ziemlich sichern Ankerplatz und wird nur bei Nordost-Winden gefährlich.

In administrativer Bedeutung bildet die Insel Cypern ein direct Constantinopel unterstehendes Ejalet (Mutesariflik) mit einem Gouverneur an der Spitze, der seinen Sitz in Nicosia hat und welchem die Kaimakame unterstehen, die die Verwaltung der sechs Kreise leiten, in welche die ganze Insel eingetheilt ist. Nicosia, die Hauptstadt der Insel, zählt ungefähr 20.000 Einwohner, zur Hälfte mohammedanischer, zur andern Hälfte christlicher Religion.

Münzen, Maasse und Gewichte.

Wie überall in der Türkei, so ist auch in ganz Syrien die Münzeinheit, deren Curs allen übrigen Geldsorten als Norm dient, die *türkische Goldlira* im gesetzlichen Gewichte von 7216 Gramm und einem Feingehalte von $916/1000$. Nach dem gesetzlichen Münzfusse ist der Werth dieser Lira = 100 Piastern. Diesem Curse gemäss ist das 20-Frankenstück : $86^{10}/_{40}$ Piaster, die englische Goldlira ($\mathcal{L} g$) = 110 Piaster, der Silbermedschidie 20 Piaster, der österreichische Silbergulden = 11 Piaster. Nach diesem Münzfusse werden alle directen und indirecten Abgaben Seitens der Regierung eingehoben, im Handel und Verkehr aber ist ein abusiver Curs in Geltung, der in den einzelnen Städten ein verschiedener ist und wie bei allen Waaren auch bei den einzelnen Geldsorten sich nach den Verhältnissen des Angebotes zur Nachfrage regelt. Nach diesem abusiven oder Platzcurse war der Werth der vorzüglichsten im Umlaufe befindlichen Münzen in Beirut und den Hafenplätzen der syrischen Küste, sowie in Damascus während des Jahres 1872 folgender:

die englische Goldlira . . = $126^{1}/_{4}$ Piaster
die türkische Goldlira . . = 115 „
das 20-Frankenstück . . . = 100 „
der k. und k. Münzducaten = $59^{1}/_{2}$ „
der Maria-Theresia-Thaler . = 26 „
der spanische Säulenthaler . = 26 „
das 5-Frankenstück . . . = 25 „
der Silbermedschidie = $23^{3}/_{4}$ „
der Silber-Rubel . . . = $19^{3}/_{4}$ „
die Rupie . . . . . . = 12 „
der österreichische Gulden = $12 - 12^{15}/_{40}$ Piaster
der Franc . . . . = 5 Piaster.

In Aleppo hingegen ist der Platzcurs ein niederer, nach ihm galt im Jahre 1872:

die englische Goldlira . . = $116^{3}/_{4}$ Piaster
die türkische Goldlira . . = $106^{1}/_{4}$ „
der Silbermedschidie . = 21 „
das 20-Frankenstück . = $92^{1}/_{2}$ „
der Silber-Rubel . = $11^{25}/_{40}$ „

Doch giebt es daselbst noch einen dritten, den sogenannten Handelscurs (corso mercantile), und dies ist der am Wechselmarkt giltige, nach ihm ist der Werth

der türkischen Goldlira . . . $= 141^{3}/_{4}$ Piaster
des 20-Frankenstückes . . . $= 123^{1}/_{3}$ „
der englischen Goldlira . . . $= 155^{2}/_{3}$ „
und des Silbermedschidie . . . . $= 28$ „

In Cypern ist der Platzcurs der Münzen ungefähr derselbe wie in Aleppo.

Die *Gewichtseinheit* im *Handelsgewichte* ist in ganz Syrien, in Beirut, Damascus, Aleppo sowohl als auch in Cypern die Okka $= 400$ Dramm. 44 Okken bilden einen Kantar nach Constantinopolitaner Gewicht, gleich 100 Wiener Pfund, oder 112 Zollpfund, oder 56 Kilogramm. Ein anderes in ganz Syrien sehr gebräuchliches Gewicht ist der Rotl gleich 2 Okken. Das Dramm zerfällt ferner in 16 Kirat, das Kirat in 4 Gramm, und $1^{1}/_{2}$ Gramm bilden ein Miskal. Alle diese letzteren Gewichte aber kommen nur bei dem Abwägen von Gold- und Silberwaaren und Edelsteinen in Verwendung.

Maasse. Als Vollmaass, das übrigens nur bei dem Messen von Getreide in Anwendung kommt, ist in ganz Syrien zunächst das Kile (oder Kilo) von Constantinopel in Anwendung $= 0.58700$ Wiener Metze $= 36.103$ Liter $= 1820$ Pariser Cubikzoll $= 0.65688$ preuss. Scheffel $= 0.12416$ engl. Imperial-Quarter. Ein in Syrien eigenthümliches Vollmaass aber ist der Schumbol, der besonders in Tripolis und St. Jean d'Acre in Anwendung kommt und $2^{1}/_{2}$ Kilo enthält, sowie die Grarà, die 36 Kilo fasst.

Wie in der übrigen Türkei, werden auch in Syrien Flüssigkeiten nicht gemessen, sondern gewogen und zwar nach Kantar oder Okka, und in Cypern existirt ein eigenes Gewicht für das Abwägen von Wein und Branntwein, nämlich die Casa $= 8$ Okken.

Längenmaass ist der Pik, arabisch: Dráa; er ist in Beirut, den syrischen Hafenstädten und Damascus gleich $67^{3}/_{4}$ Centimeter $= 0.87264$ Wiener Elle, in Aleppo hingegen gleich 79 Centimetern.

In Cypern ist ein doppeltes Längenmaass in Anwendung: der grosse Dráa $= 67$ Centimetern bei dem Ausmessen von

Tuch, und der kleine Dráa — 65 Centimetern bei allen übrigen Stoffen.

Flächenmaas ist die Quadrat-Elle (Dráa-murebbi), 1600 Quadrat-Ellen machen ein ottomanisches Joch (dönüm) aus.

In Beirut werden die Maasse und Gewichte von der Municipalität controlirt und ist hierfür bei den einzelnen Geschäftsabschlüssen eine kleine Maass- oder Waggebühr zu entrichten, nämlich $4/_{10}$ Piaster für jeden Kilo und $2^1/_2$ Piaster für je 200 Okken.

Syriens Ausfuhr.

I. Gruppe.

Metalle und Bergbau.

Die gänzliche Vernachlässigung des Bergbaues in der Türkei bis auf die neueste Zeit, die Unthätigkeit und Kurzsichtigkeit der Regierung auf diesem Gebiete, welche Jahrhunderte lang die Metallschätze ihrer Länder als ihr ausschliessliches Eigenthum ansah und jede Ausbeutung derselben durch die Privatindustrie eifersüchtig hintanhielt, selbst aber die Mittel zu einem intelligenten Minenbetriebe nicht aufwenden wollte, hat zur Folge gehabt, dass die geognostische Beschaffenheit der Provinzen des türkischen Reiches grösstentheils unbekannt geblieben ist und selbst solche Bergwerke, die vor der Eroberung dieser Länder durch die Osmanen in blühendem Betriebe standen, nach und nach in Verfall gerathen sind. Auch in Syrien blieben auf diese Weise der nationalen Gewerbsthätigkeit Hilfsmittel entzogen, welche bei entsprechender Verwerthung der Industrie des Landes zu raschem Aufschwung verhelfen könnten.

Der Kern des Libanongebirges ist Jura-Kalkstein, der in den obersten Gipfeln nackt hervortritt, sonst aber bedeckt erscheint.

Durch Grünsandstein und Kalk geht er zu den untersten Schichten der Kreidebildung über und zwar in der Form von Beckenausfüllungen. Der Grünsandstein führt in seinen untergeordneten Lagerstätten Kohle, bituminöses Holz und Braunkohle mit sich. Die Gruppe der Braunkohlen geht hie und da mit fortschreitendem Verkohlungsprocess in Rechkohle oder Glanzkohle über; das bituminöse Holz findet sich in grossen Lagerstätten ausgedehnt. Ebenso wiederholen sich auf ganz locale Weise die stockartig vorkommenden Lagerstätten von Thoneisensteinen und Eisenochern. So finden wir also Kohle und Eisen, diese zwei Hauptfactoren modernen Gedeihens in Syrien in ziemlich ausgedehntem Maasse vertreten und ausserdem in eine für den Fabriksbetrieb höchst förderliche Nachbarschaft gebracht. Die ergiebigsten Kohlengruben sind im Bezirke Metn, anstossend an das Quellgebiet des Nahr-Beirut gelegen, und zwar in Makla-ain-el-Bed, eine halbe Stunde von Salima, in Kurnail und in Bzibdin, eine halbe Stunde von Kurnail entfernt. Alle diese Gruben waren zur Zeit der egyptischen Herrschaft in Syrien unter Ibrahim Pascha im Betriebe, geriethen aber später wieder in Verfall, da der elende Zustand oder vielmehr der gänzliche Abgang von Strassen den Transport der Kohlen nach den Fabriksorten zu kostspielig machte.

Nicht weit davon in demselben Gebirgsdistricte el-Metn, bei dem Dorfe Merdschibah, ward damals von den Bergbewohnern ein bedeutender Bergbau auf Eisenstein geführt, der auf Nestern und in stockförmigen Räumen im dichten, harten Kalkstein des Libanon einbricht. Aehnliches ist im Barukthale der Fall, wo sich nahe bei Ain-Zebalta grosse Bänke eisenhaltiger Thoneisensteine, rothbrauner, quarziger Sandsteine und schwarzer bituminöser Schiefer mit Schwefelkiesen und schmelzwürdigen Eisensteinen finden.

Das Mineral bei Merdschibah ist Spatheisenstein und ochriger Brauneisenstein, sehr reichhaltig und leichtflüssig, doch ist der jetzt von den Einheimischen betriebene Grubenbau ein sehr mangelhafter und Mangel an Brennmaterial in der nächsten Umgebung verhindert die Erzgewinnung an Ort und Stelle. Im Kesrawan bei Mar-Hanna-es-Schuwaïr, 3823 Fuss über dem Meere, findet sich in gelbem Ocher in grossen Lagern braunes Eisenhydrat, aus diesem wurde vormals in einigen in der Bekaa und der Umgebung von Balbek und Zahle gelegenen Schmelzöfen nach sehr rohem Verfahren Eisen gewonnen, das aber seiner ordinären Gattung wegen nur zur Anfertigung der im Lande üblichen Hufeisen verwendet wurde. Bei Vervollkommnung der Schmelzmethode und Herstellung einer leichten Communication zwischen den Kohlengruben und Eisenwerken im Gebirge könnte die Eisenindustrie daselbst ohne Zweifel zu hohem Flor gebracht werden; denn die hier angeführten Fundorte lieferten unstreitig die Eisenerze, die zu Edrisi's Zeiten (12. Jahrhundert) in einen trefflichen Stahl verarbeitet wurden, der in ganz Syrien grossen Absatz fand.

Für den Handel sind die Kohlengruben und Eisenwerke im Libanon unter den gegebenen Verhältnissen von gar keiner Bedeutung, da sie kaum localen Bedürfnissen dienen, von ihren Producten aber nichts auf den Markt kommt.

Im Exporthandel erscheint nur *Erdpech*, das in Hasbeya und den umliegenden Dörfern des Antilibanon gewonnen wird. Man findet daselbst Stücke von 1 bis 20 Centimeter Durchmesser. Der Werth am Erzeugungsort ist 700 bis 800 Piaster per Kantar, der Ausfuhrzoll 1% und Commissionskosten $2^1/_2$% bis 3%. Der Transport vom Erzeugungsorte bis Beirut kostet 85 Piaster per Kantar. Der Kantar wird bei diesem Artikel zu 200 Okken = 450 Wiener Pfund gerechnet. Die jährliche Ausfuhrmenge beläuft sich auf ungefähr 1000 Kantar, welche grösstentheils nach französischen und englischen Häfen versendet werden. Die Firmen, die sich in Beirut am meisten mit diesem Handel beschäftigen, sind: Abd-el-Gaui-Murad, Kuwatli und Hanna-Misk.

Auch in Aintini (Bezirk von Damascus) bestehen zwei Erdpechbrunnen, doch ist der Betrieb ein sehr kostspieliger. Die Regierung verpachtet sie gegen ein jährliches Entgelt von 150.000 Piastern. Das daraus gewonnene Product wird theils im Lande als Präservativmittel gegen die Rebenkrankheit verwendet, theils nach dem Auslande exportirt, wo es bei der Erzeugung von Firniss zur Verwerthung kommt.

Von anderen nicht metallischen Mineralien ist hier nur noch *Steinsalz* zu nennen, welches in den Bezirken von Palmira und Dscherud im Hauran in mächtigen Lagern vorhanden ist und wovon jährlich circa 5000 Kantar von der Bevölkerung von Damascus verbraucht werden. Da der Verkauf dieses am Fundorte werthlosen Minerals einer Steuer von 100 Piastern per Kantar unterworfen ist, so wird davon nichts exportirt.

Grossen Reichthum besitzt Syrien an *Bau- und Werksteinen* verschiedener Gattung, welche bei dem Baue der

Häuser und der Decorationen derselben im ganzen Umfange seiner beiden Vilajets zwar vorzugsweise benützt werden, jedoch keinen Gegenstand der Ausfuhr bilden. Besonders erwähnt zu werden verdient eine gelbe Steingattung, die in der unmittelbaren Nähe von Damascus vorkommt, ein sehr harter Stein von rother Farbe, Maddari genannt, der sich im Antilibanon bei Zebdani vorfindet, und schliesslich eine Steinart (Ari) aus den Steinbrüchen Ain-el-Tin, 15 Stunden von Damascus entfernt, von schwarzer Farbe, welche bei der Decoration der Häuser in Beirut und Damascus eine grosse Rolle spielen und bei erleichterten Communicationen ihren Weg auch ins Ausland finden könnten.

II. Gruppe.

a. Nahrungs- und Medicinalpflanzen.

Mit dem fruchtbarsten Boden gesegnet sind in Syrien vor Allem die im Orontes-Gebiete gelegenen Districte, also nahezu der grösste Theil des Vilajets von Aleppo, ferner die Küstengegend von Lattakia, die Küstenstrecken von Sur und Saida bis Jaffa, die Hochplateaus am linken Jordanufer, im Hauran und Dschaulan, die Bekaa und die Ebene von Esdrelon. Syrien könnte somit noch heute, wie es dies in alten Zeiten gewesen, eines der ergiebigsten Getreideländer Asiens sein, doch die unsicheren Rechtszustände, sowie die mangelhaften Communicationen lassen diese Provinz nicht zu dem Wohlstande gelangen, dessen sie bei geordneteren Verhältnissen sicher wäre. So lange der grössere Theil des Landes in den Händen wandernder Beduinenstämme sich befindet, die es vorziehen, sich von dem Raube fremden, nicht aber von fleissiger Benützung des eigenen Gutes zu ernähren, so lange ferner die besten Productionsdistricte durch unwegsame Gebirge von den consumirenden Städten und der Küste getrennt bleiben, wird die Bodenproduction sich nie zu der ihr zukommenden Bedeutung erheben können. Ein wichtiger Schritt nach vorwärts wurde zwar durch die Seitens der Regierung vor nahezu 10 Jahren in Angriff genommene und nunmehr vollendete Grundentlastung gemacht, durch welche der Grund und Boden, der früher als unbeschränktes Eigenthum des Staates angesehen wurde, freies Eigenthum der Grundbesitzer wurde und von denselben auf ihre Nachkommen vererbt werden kann. Hiedurch ist eine grössere Stabilität im Grundbesitze angebahnt und einer besseren Bewirthschaftung des Bodens eine lohnende Zukunft eröffnet. Gegenwärtig aber ist dieselbe noch eine sehr mangelhafte. Die Felder werden ohne regelmässige Wechselwirthschaft bis zur Erschöpfung ausgenützt und dann wieder 1—2 Jahre brach gelassen. Dünger kommt nur wenig in Anwendung, hingegen wird auf Bewässerung grosse Sorgfalt verwendet. Die Ackerbaugeräthschaften sind noch von ursprünglichster Einfachheit, die vorn pfeilförmige, dreieckige Pflugschaar wird durch Ochsen mit dem Halse gezogen; die einfache Schaufel, die fünf- und sechszackige Gabel, die zugleich als Rechen dient und die Doppelhacke, die bald an einem kurzen, bald langen Stiele zur Arbeit gebraucht wird.

Die in Syrien am meisten angebaute Getreideart ist *Weizen*; die besten Gattungen davon finden sich in der Umgebung von Damascus, in Coelesyrien (Bekaa), im Districte Merdsch-Ajun bei Saida, in den Küstenebenen von Caifa und St. Jean d'Acre und im Caza von Lattakia. Im Vilajet von Aleppo beläuft sich die Weizenernte in einem mittelguten Jahre auf 125.000—150.000 Kilo, wovon ungefähr $^1/_3$ nach der Türkei und Europa zur Ausfuhr gelangt, und zwar über Alexandrette. — Für das Vilajet von Syrien (Damascus) sind die Haupt-Ausfuhr-Echellen Lattakia, Tripolis und St. Jean d'Acre, und zwar Lattakia und Tripolis für die Erzeugnisse der nordsyrischen Küstenstriche, sowie der Districte von Homs und Hama, St. Jean d'Acre hingegen für die mittlere Küste, die Ebene von Esdrelon und die südlichen Districte des Hauran, während Damascus und Umgebung und die Bekaa ihren Ueberschuss nach Beirut senden, welches damit und mit der Zufuhr aus Cypern den Ausfall in den an Getreide ärmeren Districten Syriens deckt. Die auf den Markt von Damascus zum Verkaufe gelangenden Weizenarten sind:

a) *Der Weizen, genannt Baladi*, wird in den Ebenen um Damascus gebaut, jährlicher Verbrauch durchschnittlich 12.000 Kilo, Verkaufspreis 20 Piaster per Kilo, wird ausschliesslich im Lande consumirt;

b) *der Weizen, genannt Nursi*, gebaut im Wadi-el-Adjam, ebenfalls zum Bezirke von Damascus gehörig, jährlicher Verbrauch durchschnittlich 150.000 Kilo, Verkaufspreis 20 Piaster per Kilo, wird ebenfalls im Lande consumirt;

c) *der Weizen, genannt Salomani*, producirt im Bezirke Dschebel-Caloman, jährlicher Verbrauch 5000 Kilo, Preis 20—25 Piaster, erscheint nicht in dem Export;

d) *weisser Weizen aus Merdsch und Guta*, jährlicher Verbrauch 100.000 Kilo, Preis 20 Piaster, dient für den Localbedarf von Damascus und Umgebung;

e) *Weizen aus dem Hauran*, die Durchschnittsernte hievon ergiebt 450.000 Kilo im Preise von 25 Piastern, wovon nur ein Theil im Lande consumirt, der Rest aber zu Mehl verarbeitet nach Beirut und anderen Echellen Syriens versendet wird.

Anfangs 1872 waren die Getreidepreise in St. Jean d'Acre, dem Hauptstapelplatze von Getreide in ganz Syrien 30 bis 32 Piaster per Kilo, vom Monate Juni ab 24—25 Piaster; in Lattakia kostete gesiebter Weizen 20—25 Piaster, ungesiebter 18—20; in Beirut kostete syrischer Weizen 28 bis 30 Piaster, Getreide von Adalia und Caramanien 35 bis 36 Piaster.

In diesen Preisen sind einbegriffen: Der Land- und Seetransport von den Productionsorten bis an die drei genannten Echellen, der circa 1 Piaster per Kilo beträgt; die innere Zollgebühr von $1^{18}/_{40}$ Piaster zum Regierungscurs per Kilo, sowie endlich Magazinage-, Einschiffungs- und Messungskosten im Betrage von $^5/_{40}$ Piaster per Kilo. Wie bei allen Landesproducten, werden auch bei dem Abschlusse von Getreidegeschäften den Producenten mit 12—15% verzinsliche Vorschüsse von den Getreidehändlern gegeben, welche ihrerseits die Waare per Cassa an die Exporteure überlassen. Der Ausfuhrzoll beträgt 1% des Schätzungswerthes nach Abzug eines 10percentigen Escomptes; die Segelfracht betrug im Jahre 1872 von St. Jean d'Acre nach Marseille und Livorno 3·25 Franken per 100 Kilogramm; nach England 5 Shilling 6 Pence per Quarter; im November desselben Jahres nach Malta, Gibraltar, Queenstown und Falmouth 7 Shilling 6 Pence; doch war dieser Frachtsatz ein ungewöhnlich hoher in Folge gesteigerter Nachfrage nach Transportgelegenheiten.

Die Fracht per Dampfer von Lattakia nach Marseille betrug 5 Franken per 100 Kilogramm Weizen in Säcken.

Die Assecuranzprämie beträgt 2—2$^1/_2$% per Segler, $^1/_2$ bis $^3/_4$% per Dampfer.

Im Jahre 1872 wurden von St. Jean d'Acre bis Ende November 1 Million Kilo Weizen nach England, Italien und dem Archipel exportirt; von Lattakia nach Beirut 100.000 Kilo. Die bedeutendsten Exportfirmen in Beirut, von welchen der Getreidehandel in den syrischen Echellen betrieben und geleitet wird, sind Sursok frères, Bustros et neveux, Touaini, Tasso, Hassan Hoss, Sagrandy, Scrini, Massauti und Parodi.

Von Wichtigkeit für den Getreidehandel ist die Insel Cypern, denn sie producirt in mittelguten Jahren 1,500.000 Kilo harten Weizen; derselbe gelangt etwas schmutzig zum Verkaufe, da er auf schlecht gestampften Tennen gedroschen wird, doch giebt er ein weisses und schmackhaftes Mehl. Beim Durchsieben der Frucht ergiebt sich ein Verlust von 3$^1/_2$ bis 4%. Der Preis bewegt sich zwischen 18 und 30 Piastern per Kilo je nach den Marktverhältnissen; im Jahre 1872 kostete der Kilo Weizen in Cypern am Dreschplatze 20 Piaster, gesiebt an Bord des Schiffes gebracht 23—23$^1/_2$. Der Localconsum nimmt durchschnittlich 1 Million Kilo in Anspruch und der Ueberschuss wird mittelst Segelschiffe nach auswärtigen Märkten exportirt. Die Fracht beträgt 2$^1/_2$ bis 3 Franken per je 5 Kilo nach den Mittelmeer-Häfen. Der Export beginnt im Monate Juni.

Uebermässige Trockenheit und verheerende Heuschreckenschwärme sind häufig wiederkehrende Heimsuchungen in Cypern und dem Ueberflusse des einen Jahres folgt oft bittere Noth im nächsten auf dem Fusse, da kluge Voraussicht im Getreide-Export hier ausser Acht gelassen wird.

Gerste wird durchschnittlich in denselben Gegenden wie der Weizen cultivirt, jedoch in geringerer Quantität; sie wird meist im Lande consumirt und kommt nur in kleinen Partien zur Ausfuhr.

Im Vilajet von Aleppo beläuft sich die jährliche Production auf circa 12.000—15.000 Kilo, der Preis war im Jahre 1872 14—15 Piaster per Schümbül, d. i. 2$^1/_2$ Kilo.

In der Umgebung von Damascus giebt es zwei Gattungen Gerste, die sogenannte *arabische*, wovon durchschnittlich im Jahre 200.000 Kilo verbraucht werden zum Preise von 9 bis 10 Piastern per Kilo, und die *griechische* Gerste, die vorzüglich in den Districten von Merdsch und Guta cultivirt wird und ein jährliches Erträgniss von 350.000 Kilo liefert im Preise von 8—9 Piastern per Kilo.

Tripolis, Hama und Homs produciren jährlich circa 60.000 Kilo, Lattakia und Umgebung circa 100.000 Kilo. Ein Export von Gerste nach europäischen Häfen findet fast niemals statt, wohl aber wird sie im Falle reichlicher Ernte zuweilen nach Algerien und Tripolis in Afrika exportirt und zwar mit Seglern alla rinfusa, oder mit Dampfern in Säcken von $2\frac{1}{2}$ bis 3 Kilo.

Die Zahlungsmodalitäten, Exportfirmen, Fracht- und Commissionskosten sind die gleichen wie beim Weizen. Der innere Zollsatz beträgt $^{27}/_{10}$ Piaster zum Regierungscurs per Kilo.

Cypern producirt in einem mittelguten Jahre bei 3 Millionen Kilo. Die Qualität ist mittelmässig, mit fremden Substanzen stark vermischt. Beim Reinigen gehen 7—8% verloren. Der Preis schwankt zwischen 9—13 Piaster per Kilo. — Der Localconsum beträgt circa 2 Millionen Kilo jährlich, so dass durchschnittlich 1 Million zur Ausfuhr gelangt. Die Fracht mittelst Segelschiffe nach den Mittelmeer-Häfen kostet $2\frac{1}{2}$ Franken per 100 Kilogramm.

Von anderen Getreidegattungen werden wohl noch Mais, Hafer und Hirse in einzelnen Gegenden Syriens producirt, jedoch nur in geringen, für den Handel bedeutungslosen Quantitäten.

Erwähnt müssen hier noch werden Fenchel und Anis.

Anis wird in den Dörfern der Guta, einem Bezirke des Mutesariflikes von Damascus, gepflanzt. Das jährliche Erträgniss ist circa 50.000 Okken; $\frac{1}{5}$ hievon wird im Lande consumirt, der Rest in Kisten von 200 Okken über Beirut nach Egypten und Cypern exportirt. Der Preis ist $4\frac{1}{2}$ Piaster per Okka, der Transport kostet 85 Piaster für je 200 Okken bis Beirut, für Zoll ist 1%, für Commissionsgebühr $2\frac{1}{2}$—3% zu bezahlen.

Fenchel wird ebenfalls in den Ebenen und Gärten um Damascus cultivirt und zwar ist das jährliche Erträgniss circa 5000 Okken, im Preise von 7 Piastern per Okka, wovon ⅕ im Lande consumirt, der Rest über Beirut nach Egypten exportirt wird.

An *Medicinal-* und *Küchenpflanzen* ist zwar die Umgebung von Damascus besonders reich, doch erscheinen dieselben nur im Localhandel. Zu erwähnen sind hier allenfalls:

Die *Süssholzwurzel*, die eine jährliche Ernte von circa 100.000 Okken im Preise von 3 Piastern per Okka liefert, wovon bei 60.000 Okken nach Egypten, Hedschaz und anderen Ländern der Türkei exportirt werden; ebenso gehen jährlich bedeutende Quantitäten von Gemüsesamen von Damascus nach Egypten und sogar die Blumenflora dieser an Gärten reichen Stadt hat ihren Antheil am Handel, da jährlich bei 4000 Okken getrockneter Rosenblätter von hier nach Alexandrien und Kairo versendet werden, wo sie bei Anfertigung von Confituren ihre Verwendung finden.

Wichtiger ist der Handel von Damascus mit getrockneten Früchten. Hieher gehören die *getrockneten Aprikosen*. Diese Frucht gedeiht in grosser Menge und ausgezeichneter Güte in den Gärten von Damascus. Sie wird an der Sonne gedörrt und dann in Kisten zu 50—60 Okken verpackt und versendet. Die jährliche Production beträgt 12.000—15.000 Kantar, der Kantar zu 200 Okken gerechnet.

Der Preis ist 500—600 Piaster per Kantar; hiezu sind die Transportkosten von 85 Piastern, sowie der Ausfuhrzoll von 1% und die Commissionsgebühren von 1½ bis 2½% zu rechnen. Die Ausfuhr dieses Artikels hat vorzugsweise nach Constantinopel, Smyrna und Egypten statt.

Auch die *Aprikosenkerne* bilden einen Handelsartikel. Die jährliche Ernte beträgt 350.000—400.000 Okken, wovon ungefähr 90% in Kistchen zu 50—60 Okken verpackt über Beirut nach Europa spedirt werden. Der Preis ist 4 bis 4½ Piaster per Okka, die Transport- und andern Spesen sind dieselben wie bei den getrockneten Aprikosen.

Getrocknete Trauben aus der Umgebung von Damascus. Zwei Qualitäten, die bessere davon Derbli genannt. Productionsmengen: 500 Kantar à 200 Okken Derbli-Trauben und 8000—10.000 Kantar der ordinäreren Gattung. Der Preis der ersten Qualität ist 600—700 Piaster per Kantar, sie wird nach Constantinopel, Smyrna und Egypten und nur in kleinen Mengen auch nach Europa expedirt, — die ordinärere Gattung im Preise von 250—300 Piaster per Kantar, welche auch am östlichen Abhange des Libanon im Arrondissement von Zahlé vorkommt, dient vorzüglich zur Wein- und Branntweinfabrikation und findet im Lande ihre Verwendung. Die Fracht und Zollkosten beim Exporte nebst den kleineren Auslagen betragen circa 10% des Werthes.

Wichtig ist als Exportquelle für diesen Artikel die Insel Cypern: Die jährliche Productionsmenge beträgt 150.000 Okken; die Qualität ist eine mittlere und kostet 250 Piaster per Kantar à 200 Okken; die Waare wird in Kisten oder Fässern verpackt und nach Constantinopel, Alexandrien und Beirut versendet. Der Localconsum nimmt durchschnittlich die Hälfte der Production in Anspruch. Der Rest fällt dem Exporte zu.

Nüsse werden in den Gärten der Umgebung von Damascus cultivirt, jährliche Productionsmenge 400.000 Okken, wovon die Hälfte in loco consumirt, der Rest nach Egypten und den verschiedenen Echellen Syriens exportirt wird. Preis 300—350 Piaster per Kantar à 200 Okken.

Haselnüsse producirt Cypern in einer jährlichen Menge von 100.000 Okken. Die Hälfte des Productes wird im Lande consumirt, die andere mittelst Lloyddampfer nach Alexandrien, Beirut und Constantinopel versendet. Der Preis ist 500 Piaster per Kantar à 200 Okken.

Pistazien. Dieser Fruchtbaum ist in ganz Syrien heimisch, er findet sich in der Umgebung von Beirut, in der Nähe von Tripolis, sowie in den Gärten von Damascus. Im Dorfe Aintini, District Calamon, Mutesariflik Damascus, liefert die Pistazienernte jährlich ein Erträgniss von circa 4000 Okken; jedoch in für den Ausfuhrhandel bedeutender Menge findet sich diese Frucht vorzüglich im Vilajet von Aleppo. Man unterscheidet daselbst zwei Gattungen: 1) Die Pistazien von Aleppo aus der unmittelbaren Umgebung dieser Stadt. Die Bäume bedürfen nicht der Bewässerung und das Ernteergebniss hängt vorzüglich von der grösseren oder geringeren Sonnenwärme ab. In einem mittelguten Jahre beträgt die Productionsmenge 350.000—400.000 Okken. Die Ernte fällt in die Monate August und September. Die Früchte werden eingesammelt, so lange die Schale noch grün ist, und in diesem Zustande wird die Hälfte des Erträgnisses in Aleppo und den anderen Städten des Vilajets für den Localverbrauch auf den Markt gebracht. Der Rest wird, nachdem die Früchte getrocknet sind, exportirt, und zwar geben 2 oder $1^3/_4$ Kantar grüner Pistazien durchschnittlich 1 Kantar trockener. Der Preis variirt zwischen 1800—2000 Piastern per Kantar à 200 Okken. Der grösste Theil wird nach den verschiedenen Häfen der Türkei versendet; Europa consumirt nur kleine Mengen. 2) Die Pistazien von Rumkala bei Aintab. Diese Qualität ist von minderer Güte und dient nahezu ausschliesslich dem Localverbrauch. Die jährliche Productionsmenge beträgt 400—500 Kantar à 800—1000 Piaster.

Oliven. Als Nahrungsmittel werden in Syrien die einheimischen Früchte verwendet und zwar haben jene aus der Umgebung von Damascus den Vorrang. Productionsquanten wie folgt: Grosse grüne Oliven jährlich 150.000 Okken à $1^1/_2$ Piaster; schwarze Oliven circa 160.000 Okken à 2 Piaster. Ein Export nach auswärtigen Häfen findet von diesem Artikel bis jetzt nicht statt.

Caroben (Früchte des Johannisbrotbaumes, ceratonia siliqua) sind ein Hauptausfuhrartikel der Insel Cypern. Die jährliche Ernte beträgt 40.000—60.000 Kantar à 200 Okken. Die Frucht ist reich an Zuckerstoff und kommt an Güte dem Producte Südsiciliens nahe; sie ist gewöhnlich Anfangs September für die Ausfuhr bereit. Die Preise bewegen sich je nach dem Ernte-Erträgniss zwischen 80—140 Piastern per Kantar. Die Waare wird am Caroben-Kap, 5 Stunden von Larnaca entfernt, theils in Limassol und Cerigna auf Segelschiffen verladen und $^5/_8$ davon nach Russland, $^2/_8$ nach Egypten, Caramanien und Syrien und $^1/_8$ nach Triest und Venedig exportirt.

Die Mauth- und Verladungsspesen belaufen sich auf 8 Piaster für den Kantar à 200 Okken. Die Frachtsätze sind für Odessa und Taganrog 1 Silber-Rubel per Kantar, für Triest und Venedig sechs Franken, für Kronstadt sechs Shilling und für Egypten, Caramanien, Syrien, wohin die Waare auf kleinen arabischen Barken verschifft wird, von Fall zu Fall verschiedene, jedoch immer äusserst niedrige.

Leinsamen kommt in Cypern in guter Qualität vor, die durchschnittliche Ernte beträgt 150.000 Okken und wird ausschliesslich nach Frankreich per Segel exportirt. Der Preis ist $1^1/_2$ Piaster per Okka, plus $^{10}/_{40}$ Piaster Verladungsspesen. Die Fracht kostet $2^1/_2$ Franken für 100 Kilogramm.

Sesam wird gebaut neben Getreide und Baumwolle in ganz Syrien, insbesonders auf der Hochebene von Homs und Hama, auf den Hochplateaus am linken Jordanufer, dem Hauran und Dschaulan, in der Ebene von Esdrelon, in der Küstenebene von Sur und Saida, am Küstensaume von Lattakia, in Coelesyrien, in der Ebene von Tarsus und Adana.

Die Hauptstapelplätze dieser Kornfrucht, welche zur Oelbereitung dient, sind: Jaffa und St. Jean d'Acre, Caifa, Lattakia und Mersina. Exportirt wird nach Marseille und Genua.

Die besten Sorten sind in Südsyrien zu finden. Jene von Lattakia ist die am wenigsten geschätzte. Die Waare wird verschifft in Säcken von 60—70 Okken mit Dampfern, alla rinfusa mit Seglern.

Der Marktpreis beträgt per Okka:
    in Beirut $2^{30}/_{40}$ bis $3^{35}/_{40}$ Piaster
    „ Caifa   3   „ $3^{20}/_{40}$ „
    „ Lattakia $2^{20}/_{40}$ „ $3^{20}/_{40}$ „

Spesen: Zollgebühr 1% des Schätzungswerthes nach Abzug eines 10percentigen Escomptes. Commissionsgebühr $2-2^1/_2$%.

Frachten im Jahre 1872: per Dampfer nach Marseille $3^1/_2$—4 Franken für je 100 Kilogramm; mit Seglern nach Genua, Livorno und Marseille $2^1/_2$ Franken für je 100 Kilogramm.

Bei Versendung mit Dampfern beträgt die Assecuranz $^1/_3$, $^1/_2$ bis $^3/_4$% je nach der Jahreszeit; mit Seglern $2-2^1/_2$%. Die Verladungs- und Einschiffungskosten betragen 1 Piaster per Kilo.

Im Vilajet von Aleppo wird Sesam hauptsächlich in der Umgebung von Killis gebaut. In mittleren Jahren ist das Ernte-Erträgniss 2500—3000 Kilo, in guten 12.000—20.000 Kilo. Die Preise sind $2-2^{25}/_{40}$ Piaster per Okka. Exportirt wird ungefähr die Hälfte des jährlichen Ernte-Erträgnisses.

In Cypern beträgt die jährliche Ernte circa 2500 Kilo, wovon ungefähr 1000 Kilo nach Frankreich exportirt werden. Der Preis ist 3 Piaster per Okka nebst $^{10}/_{10}$ Verladungsspesen. — Die Fracht von Cypern nach Marseille per Segler beträgt 2½ Franken per 100 Kilogramm.

b. Tabak und andere narkotische Pflanzen.

Ganz Syrien producirt *Tabak*, und zwar beschäftigt sich jeder Fellah mit dessen Anbau zum mindesten für den eigenen Gebrauch. Für den Markt produciren folgende Landstriche: Das Arrondissement Obere und Untere Kura im Libanon mit dem Stapelplatz Dschebeil (Byblus), woher der Name der Tabaksorte Dschebeili und Kurani herrührt; der Kreis (Kara) von Lattakia und endlich die Landschaft Schekif im Kreise von Sur.

Da die Tabakpflanze einen fetten, kräftigen Boden erheischt, wird dieselbe, so oft es möglich ist, in den verlassenen Hürden der Schafe und Ziegen gepflanzt.

Die Aussaat beginnt im Mai, die Ernte tritt im Juli ein. Die Pflanzen werden in einer Entfernung von einem halben Meter von einander gesetzt. Die Blätter der Tabakpflanze im Schekif und Lattakia sind klein und unansehnlich; sie erreicht hier die Höhe eines halben Meters, bei Dschebeil die eines Meters. Man versäumt es nicht, den Boden um die Pflanzen fleissig zu lockern und das Unkraut auszujäten. Die Ernte, welche 3 Wochen in Anspruch nimmt, tritt successive ein.

Jede Pflanze liefert drei Qualitäten Tabak. Die von der Wurzel ist die schlechteste, jene von der Mitte der Pflanze die beste.

Bei der Ernte werden die Blätter mit Bindfaden aneinander gereiht, an einem schattigen Orte unter freiem Himmel der Einwirkung der Luft und des Thaues ausgesetzt, fleissig umgewendet, und endlich in kleine Ballen gepresst.

Der Lattakiatabak, genannt Abu-Riha, wird nach der Ernte in den Monaten October bis April in den Häusern am Gebälke aufgehängt, unter welchen frisches Holz angezündet wird. Der sich dadurch entwickelnde Rauch verleiht im Laufe der Zeit dem Tabakblatte den bekannten, in Egypten so geschätzten Beigeschmack.

Der im Schekif producirte Tabak ähnelt an Geschmack, Geruch und in der dunklen Färbung der Tabaksorte Abu-Riha, während der Kurani und Dschebeili eine hellere Färbung hat.

Ausser dem Abu-Riha erzeugt der Kreis Lattakia noch die Tabaksorten Schakk-el-Bint, Bayerlü und Dschedar.

Die beste Tabaksorte ist jene von Dschebeil, die sich durch ein besonders schönes Parfüm auszeichnet und mit den genannten Sorten vor anderem Tabak den Vorzug hat, dass er nicht den unangenehmen Nachgeschmack hinterlässt, wie die macedonischen Sorten. Man glaubt, dass er seine vorzügliche Güte dem Ziegendünger und der reichlichen Bewässerung verdanke.

Nach dem Dschebeili und Kurani folgt der Güte nach der Schakk-el-Bint, der Abu-Riha, Bayerlü, Dschedar und Schekiftabak.

Die Preise an Ort und Stelle sind:

in Dschebeil 1. Qualität 25 Piaster per Okka
„   „   2.   „   12—15   „   „   „
„   „   3.   „   7—8   „   „   „
„ Lattakia   Abu-Riha   3—7   „   „   „
  Bayerlü und Dschedar   3   „   „   „
  im Schekif . . . . . 2½—3½   „   „   „

Der Kurani und Dschebeili wird beinahe ausschliesslich im Lande verbraucht, nur Weniges wird nach Egypten ausgeführt.

Der Abu-Riha wird ausgeführt nach Egypten und England. Der Schakk-el-Bint wird im Lande verbraucht; der Bayerlü, Dschedar und Schekiftabak wird nach Egypten ausgeführt. Der Verkauf des Kurani und Dschebeili im Libanon ist keiner Steuer unterworfen; ausser diesem Territorium wird für die Ausfuhr nach einem anderen Orte in der Türkei und Egypten eine Zollgebühr von 8 Piastern Regierungscurs per Okka eingehoben. Die Ausfuhr nach fremden Staaten zahlt 1% als Mauthgebühr und unterliegt denselben Modalitäten, wie in allen übrigen Theilen des türkischen Reiches.

Die Fracht bis Beirut beträgt 10 Pará per Okka; von da ab mit den Messageriedampfern 4 Franken per 100 Kilogramm bis Alexandrien. Die Commission beträgt 2 bis 5%; die Emballage kostet 30 Piaster per Ballen von 50 Okken.

Die Productionsmenge betrug anno 1872:

im Libanon an Kurani und Dschebeili	100.000	Okken
„ Schekif.	400.000	„
in Lattakia: Abu-Riha	400.000	„
Schakk-el-Bint	10.000—15.000	„
Bayerlü	10.000—15.000	„
Dschedar	100.000	„

Hievon wurden ausgeführt:

Kurani und Dschebeili nach Egypten	35.000	Okken
Schekif nach Egypten	300.000	„
Abu-Riha nach England . . .	150.000	„
„ „ Egypten	250.000	„
Dschedar und Bayerlü nach Egypten	100.000	„

Die Gesammtproduction beläuft sich demnach auf 1,020.000 bis 1,030.000 Okken und die Ausfuhr auf 835.000 Okken.

Die Handelshäuser Hamade, Cussaib und Aitani in Beirut beschäftigen sich mit dem Tabakhandel en gros.

Auch das Vilajet von Aleppo producirt nicht unbedeutende Mengen von Tabak. Man unterscheidet hier die Qualitäten von Aleppo, von Koseir, auch Mizraeni genannt, und von Hassankef; doch ist keine davon im Handel besonders geschätzt.

Die Gesammtproduction beträgt durchschnittlich 150.000 Okken im Jahre, die Preise variiren zwischen 8—10 Piastern, exportirt wird davon nur nach Alexandrien und Kairo.

c. Vegetabilische Spinnstoffe und andere Handelspflanzen.

Der Einheit der Darstellung wegen wird von den vegetabilischen Spinnstoffen, ebenso wie von den Cocons bei den einschlägigen Industrien, also in der V. Gruppe gehandelt werden; hier soll nur von jenen Pflanzen noch die Rede sein, die nur als Rohproducte in den Handel kommen und von den in Syrien einheimischen Gewerben nicht verwendet werden. Hierher gehört zunächst:

Alizari (Krappwurzel), wird in Syrien in den Districten von Jabrud und Nabk, sowie Homs gebaut und kommen davon jährlich circa 150.000 Okken zur Ausfuhr. Der Preis am Productionsorte ist 6—7 Piaster per Okka. Die Waare wird in Ballen von 300 Okken versendet. Die Presskosten betragen 30 Piaster per Ballen, die Einschiffungskosten 5 Piaster,

Commission 2%, Douane 1% und Assecuranzprämie $^1/_2 - ^3/_4$% und Transport von Beirut ab nach Marseille per Dampfer für je 100 Kilogramm 10 Franken.

Cypern producirt eine jährliche Quantität von 250.000 bis 350.000 Okken. Die gesuchteste Qualität ist jene, welche im Sommer geerntet wird wegen ihrer grösseren Trockenheit, doch steht das Product stets jenem von Smyrna und Caramanien an Güte nach. — Einige Jahre hindurch wurde ein grosser Theil desselben nach Oesterreich exportirt, gegenwärtig aber wird Alles von den englischen Fabriken absorbirt, so dass man annehmen kann, dass ungefähr $^9/_{10}$ der Waare nach England und nur $^1/_{10}$ nach Frankreich und Oesterreich geht. — Die Ernte beginnt im Monate August und endet im März. Der durchschnittliche Preis ist 4½ bis 5 Piaster per Okka. Die Waare wird in Ballen von 200 bis 250 Okken gepresst. Die Frachtpreise per Dampfer sind:

Für England 57½ Shilling per Tonne;
„ Frankreich 9 Franken per 100 Kilogramm;
„ Oesterreich 1 fl. 20 kr. per Zoll-Centner.

Emballage, Presskosten und Zoll betragen ungefähr 22 Piaster für den Wiener Centner.

Kreuzbeere kommt vorzüglich in dem Vilajet von Aleppo, in den Bergen von Marasch und Aintab vor und wird in den Monaten August und September gesammelt. Man unterscheidet zwei Qualitäten: eine feinere und eine ordinäre. Von der ersteren kommen durchschnittlich im Jahre 150 bis 200 Kantar à 200 Okken auf den Markt; von der ordinäreren hingegen 200—300 Kantar. Der Preis der ersteren ist 5000 bis 6000 Piaster per Kantar, die ordinäre hingegen kostet 500—700 Piaster. Die feinere wird fast vollständig in den syrischen Fabriken verbraucht, die ordinärere wird nach anderen Häfen der Türkei und nur in geringen Mengen nach Frankreich ausgeführt.

Sumach oder Gerberbaum. Dieser Baum, aus der Familie der Anacardiaceen, findet sich in mässiger Quantität in der Umgebung von Damascus und liefert den Farbstoff der in den Gerbereien dieser Stadt verbraucht wird (500—600 Okken jährlich). In viel beträchtlicherer Menge findet er sich auf der Insel Cypern, wo er seit 4 Jahren Handelsartikel geworden ist.

Er wächst ohne besondere Cultur in dem ganzen Districte von Paphos. Die jährliche Ausfuhrquantität beläuft sich auf 300.000—400.000 Okken, wovon ein Theil mittelst Segelschiffe alla rinfusa nach Syra und den syrischen Häfen versendet wird, während ein anderer Theil in Ballen gepresst von Larnaca aus mittelst englischer Dampfer nach englischen Häfen zur Ausfuhr gelangt. Die Fracht beträgt 50 Shilling per Tonne; die Verladungskosten belaufen sich auf $^{20}/_{40}$ Piaster per Okka.

Kali (al Kali) wird in der Wüste, die Damascus umgiebt, aus daselbst wachsenden Soda-Salicornien und anderen Salzpflanzen, die von da an südwärts durch den ganzen Hauran, die Belkaa und an der Ostseite des todten Meeres bis zum Sinai verbreitet sind, in grossen Quantitäten, bei 500.000 Okken jährlich gewonnen. In den Dorfschaften 4, 5 bis 10 Stunden von der Stadt Damascus (Guslanie, Dschedeide, Dmeir und weiter ostwärts in Dscherud, el-Nabk, auch in Kara), wo die Kalibereiter wohnen, haut man die Pflanze mit einer Hacke ab; ihre Blüthen brauchen die Bauern statt der Seife, bringen sie aber auch nach der Stadt zum Verkauf. Am 1. September fängt man an, sie abzuschneiden, und diese Arbeit dauert 32 bis 44 Tage; um Palmira oder Tadmor erntet man das ganze Jahr. Etliche Leute arbeiten gemeinschaftlich, ernten 3 Tage lang und brennen dann die grüne Pflanze in einer hohlen Vertiefung zu der Masse Kölly-Hadschar, die man nachher in Stücke zerschlägt und in den Verkauf bringt. Die trockenen Pflanzen geben nur ein sehr unreines Kali, Kölly-naim, das viel niedriger im Preise steht; die festen Stücke zwischen denselben heissen Charsch. Zu ihrer Verbrennung macht man keine Vertiefung, wie bei der noch grünen Pflanze und lässt sie verbrennen, ohne sie zu rühren, wogegen die grüne Pflanze beim Verbrennen stets mit einem langen Stocke gerührt werden muss. Von diesem Producte, das durchschnittlich circa $1^1/_2$ Piaster per Okka kostet, werden beiläufig 300.000 Okken im Jahre in den Seifenfabriken von Damascus verwendet und bei 200.000 Okken nach den verschiedenen Städten Syriens versendet. Ausfuhrartikel ist das syrische Kali bis jetzt noch nicht geworden, doch bei einer vervollkommneteren Gewinnungsmethode könnte nach Vermehrung der Communicationsmittel in Anbetracht der grossen Menge, in der die kalihaltigen Pflanzen besonders in den inneren Districten vorkommen, mit der Zeit weit grösserer Gewinn aus denselben gezogen werden, als dies gegenwärtig der Fall ist.

Scammonium (Windenharz). Productionsorte dieses Artikels sind die Umgebungen von Marasch und Bacsaria im Districte Dschisr-el-Schugr im Vilajet von Aleppo. — Sobald die Scammoniumrinde aus der Erde hervorbricht, wird sie bis zur Wurzel blosgelegt, mit dem Messer ein Einschnitt in letztere gemacht und an der Einschnittstelle eine kleine Muschel oder ein kleines Glasgefäss angebracht, in das der Saft träufelt. Dieser verdickte Saft bildet das reine Scammonium. In diesem Zustande kommt es jedoch niemals in den Handel, sondern wird mit Mehl gemischt. Je geringer die Zuthat, desto geschätzter ist die Waare. Die Wurzeln, aus welchen das Harz träufelt, werden sodann gestossen, gekocht und das Decoct, mit Mehl vermischt und zur festen Masse getrocknet, liefert ein Harz zweiter Qualität.

Die jährliche Production beträgt 2—3 Kantar à 200 Okken von der ersten Qualität. Der Preis ist 800 Piaster für je 2 Okken und 5—6 Kantar von der zweiten Qualität à 200 Piaster für ein Rotl von 2 Okken.

Dieser Artikel wird am meisten nach Liverpool, ausserdem noch nach Marseille, Paris, Triest und Livorno exportirt und ist im Handel sehr gesucht.

d. Thierische Producte im rohen Zustande (Bälge, Felle etc.).

Nachdem ein grosser Theil Syriens noch Weideland ist und von den wandernden Beduinenstämmen zur Erhaltung ihrer grossen Viehheerden benützt wird, ist es begreiflich, dass der Handel mit Vieh und thierischen Producten in den syrischen Handelsplätzen ein sehr entwickelter ist. Es ist dies zumal seit der letzten Epizootie, die so arge Verheerungen unter dem Viehstande Egyptens hervorgebracht hat, in noch erhöhtem Maasse der Fall, da seither in den letzten Jahren eine sehr bedeutende Ausfuhr von Schlachtvieh nach dem Nachbarlande am Nil Platz gegriffen hat, die für die syrischen Heerdenbesitzer eine wichtige Quelle des Einkommens geworden ist; hingegen ist in dem Handel mit rohen Häuten und Fellen, der zuvor in den drei grossen Handelsplätzen Syriens, in Damascus, Aleppo und Beirut, so sehr im Schwunge war, eine merkliche Abnahme eingetreten. Doch verdient der Umsatz in den genannten Artikeln noch immer einige Aufmerksamkeit, wie dies aus den nachfolgenden Daten im Einzelnen hervorgeht.

Rindshäute. Provenienz Beirut und Umgebung, sowie der Libanon. In den übrigen Theilen Syriens wird das Rind nicht geschlachtet, sondern nur als Zugthier verwendet. Der Platzpreis für frische Häute beträgt in Beirut 5—5$\frac{1}{2}$ Piaster per Okka. Daselbst werden sie auch für den Export hergerichtet, dessen Richtung ausschliesslich Frankreich ist. Die im Libanon präparirten Häute sind schlechterer Qualität und erzielen auf dem Marseiller Markte 170—180 Francs per 100 Kilogramm, während in Beirut präparirte Häute in Marseille mit 240 Francs für dieselbe Quantität bezahlt werden. Triest zahlt für 100 Pfund Zollgewicht nur 30 fl. ö. W. Die Versuche, welche mit Sendungen von Rindshäuten nach Oesterreich über Triest und nach Italien über Livorno gemacht wurden, haben bisher fehl geschlagen, weil sie dort durchschnittlich einen um 18 bis 20% niedrigeren Preis erzielten als die nach Marseille verschickten.

Die Seefracht von Beirut nach Marseille beträgt bei diesem Artikel 10 Francs für 100 Kilogramm.

Die Häute werden in der Anzahl von 20—25 Stück zusammengelegt und mit Schnüren umwunden. Ein derartiger Ballen wiegt 140 bis 150 Kilogramm.

Die Ausfuhr belief sich anno 1871 auf 40.000 Stück Häute, von welchen 30.875 Stück aus dem Libanon und 9125 aus Beirut und Damascus herrührten.

Lamm-, Kitzen-, Schaf- und Ziegenfelle werden von Cypern, Hama, Homs, Damascus und dem Hauran nach Beirut zum Zwecke der Ausfuhr nach Frankreich importirt. Sie werden an der Luft getrocknet; gesalzene Felle sind um 2 bis 3 Francs per Dutzend billiger.

Das Dutzend Lammfelle von Cypern kostet in Marseille 15 bis 18 Francs, Kitzenfelle 8 bis 10 Francs.

Die syrischen Lammfelle kosten in Marseille 18—20 Francs, die syrischen Kitzenfelle 15 bis 16 Francs. Die Gesammtproduction und Exportation betrug im Jahre 1871 150.000 Stück.

Die Fracht 10 Francs per 100 Kilogramm mittelst Dampfer bis Marseille. Von Damascus werden jährlich ungefähr 50.000—60.000 Schaffelle, 10—15.000 Ziegenfelle und 15—20.000 Kitzen- und Lammfelle behufs des weiteren Exportes nach Beirut gesendet. Die Preise sind in Damascus 16—17 Piaster für ein Schaffell, 12—13 Piaster für ein Ziegenfell und 6—7 Piaster für ein Kitzen- oder Lammfell. Einen bedeutenden Handel mit Fellen betreibt Aleppo, wohin sie aus Elbistan, Mesopotamien und Mossul gelangen. Die Preise daselbst stehen wie folgt:

Ein Lammfell 6—8 Piaster, ein Ziegenfell 15—20 und ein Schaffell 12—16 Piaster. Das durchschnittliche Gewicht beträgt für ein Lammfell 200—250 Dramm, für ein Ziegenfell 400—800 und für ein Schaffell 500—750 Dramm. Exportirt werden jährlich circa 20.000—25.000 Lammfelle, 200.000 bis 300.000 Ziegenfelle und 40.000—50.000 Schaffelle. Auch Kuhhäute gelangen auf den Markt von Aleppo aus Mossul und Bagdad. Hiervon werden jährlich nach Europa circa 1500 bis 2000 Kantar à 200 Okken exportirt zum Preise von 1700 bis 2200 Piaster per Kantar.

Kameelhäute im Gewichte von 8—12 Okken kosten in Aleppo 30—50 Piaster, wenn sie schwerer sind, 80 Piaster das Stück. Die jährliche Exportationsmenge hiervon beläuft sich auf circa 1000 Häute.

Cypern führt jährlich bei 10.000 Okken Rindshäute nach Syra, Scio, Genua und Venedig mittelst der Lloyddampfer aus. Der Preis ist 6—7 Piaster für die Okka der getrockneten Häute. Die Qualität ist aber eine sehr mittelmässige, da die Ochsen der Insel im Durchschnitte klein und schwächlich sind.

An *Schaf-* und *Ziegenfellen* exportirt Cypern jährlich bei 60.000 Stück, welche gewöhnlich nach Liverpool, Corfu, Triest und Marseille versandt werden, und zwar nach dem erstgenannten Platze mit englischen Dampfern, nach den übrigen Häfen mit den Dampfern des österreichisch-ungarischen Lloyd. Der Preis variirt durchschnittlich zwischen 3 und 5 Piastern per Stück.

Lamm- und *Kitzenfelle* werden aus Cypern jährlich bei 60—70.000 Stück über Triest nach Deutschland und via Marseille nach Frankreich versandt. Der Preis der Kitzenfelle ist circa $3\frac{1}{2}$—$4\frac{1}{2}$ Piaster, der Lammfelle $2\frac{1}{2}$—$3\frac{1}{2}$ Piaster per Stück. Alle diese Felle werden in Ballen im Gewichte von circa 200 Pfund zusammengebunden. Die Transportpreise betragen:

Nach *Liverpool*, Schaf- und Ziegenfelle, 55 Shilling die Tonne;

nach Marseille, Ziegen-, Schaf-, Lamm- und Kitzenfelle, 10—12 Francs per 100 Kilogramm;

nach Triest idem fl. 2—2.25 per 100 Zoll-Pfund;

nach Corfu idem fl. 1.80—2 fl. per 100 Zoll-Pfund.

In den letzten Jahren hat sich der Handel mit Gedärmen nach Oesterreich rasch entwickelt und es werden dahin jetzt aus Bagdad und Syrien 100.000 Stück jährlich versendet.

Schwämme (*éponges*).

Der Productionsbezirk derselben ist die Küstenstrecke von Batrun (Libanonprovinz), Tripolis, Lattakia und die Insel Ruad (Aradus), nördlich von Tripolis. An der Schwammfischerei betheiligen sich nicht nur die Einwohner der gedachten Küstenstrecken, sondern auch Griechen, welche von Kalimno, Stanchio, Rhodus und Samos mit ihren Barken nach Syrien kommen und bis nach Tunis Schwämme fischen. Die letzteren benutzen die Taucherkleidung (scaphandres), während die Araber ohne dieselbe, blos mit einem Steine beschwert, in eine Tiefe von 30 bis 35 Faden tauchen, in der sie selbstverständlich nur 1 bis $1^1/_2$ Minuten ausharren können. Trotzdem dass die griechischen Schwammfischer vermöge ihrer vollendeteren Tauchapparate einen bedeutenden Vortheil vor den Eingebornen haben, sind diese nicht zu bewegen, die ihnen angerathenen scaphandres zu verwenden. Man unterscheidet 3 Qualitäten: Primo-, Secondo- und die sogenannten rothen Schwämme; jene von Batrun sind die besten und geschätztesten. Nach dem Fange werden die Schwämme vom Sand und anderen Nebensubstanzen sorgfältig gereinigt und gepresst. Die Primo- und Secondo-Qualität wird von Beirut direct nach Paris gesendet; die dritte, rothe Qualität geht ausschliesslich nach Triest. Die griechischen Fischer führen die Schwämme nach den Sporaden aus, von wo sie auf den europäischen Markt kommen. Die Marktpreise sind folgende:

Die erste Qualität (Batrun) kostet 330—350, die zweite 180—185, die dritte 20—22 Piaster per Okka. Die Schwämme von Tripolis, Ruad und Lattakia sind um 10% billiger.

Die Prima-Qualität selbst wird in drei Kategorien abgestuft. Auserlesene Stücke kosten 800—1000 Piaster per Okka. Die Spesen, die auf dem Schwammhandel lasten, sind 10% des supponirten Jahres-Ertrages als Steuer an die Behörden des Libanon und von Tripolis; 1—1½ Piaster per Okka für Fracht vom Productionsorte bis Beirut.

Von Beirut per 100 Kilogramm mittelst der Messageries Maritimes bis Marseille:

Erste Qualität 100 Francs;
zweite Qualität 45 Francs;
1% Ausfuhrzoll;
1 Franc (5 Piaster) Einschiffungsgebühr in Beirut;
½% im Sommer, ¾% im Winter als Assecuranzprämie.

Besonders schöne Stücke werden in Kisten im Gewichte von 10—15 Kilogramm verpackt. Ihre Zahl ist nicht gross; es werden jährlich höchstens 20 Kisten versandt; die gewöhnliche Emballage besteht in einem Sack von grober Packleinwand, der zusammengeschnürt wird. Das Gewicht eines Sackes variirt zwischen 20 und 25 Kilogramm. Die Schwammfischerei, insoweit sie von Arabern betrieben wird, concentrirt sich in den Händen der Unternehmer Kublan und Nadir in Batrun, welche von den hiesigen Kaufleuten meist jedoch von der Succursale der ottomanischen Bank mit 12% verzinsliche Vorschüsse aufnehmen. Das Haus Puisson & Comp. in Paris befasst sich mit dem ausschliesslichen Umsatz der syrischen Schwämme. Ehedem wurden dieselben an die Marseiller Häuser Lascaridi, Hawa, Naggiar, Tarrazi in Commission gegeben.

Die Schwammfischerei beschäftigt in Batrun 100 Barken, in Tripolis, Ruad und Lattakia 200 Barken mit circa 700 bis 800 Fischern.

Die Production betrug im Jahre 1872 2500 Okken im Werthe von 160.000 Francs in Batrun, 8000 Okken im Werthe von 400.000 Francs in den drei anderen Fischereidistricten. Im Jahre 1871 erreichten die bei Batrun gefischten Schwämme blos einen Werth von 100.000 Francs. Das Maximum wurde daselbst erzielt im Jahre 1869 mit 200.000 Francs.

e. **Wolle.** (Siehe Gruppe No. V.)

f. **Producte der Forstcultur (Bau- und Werkholz, Gerbstoffe etc.).**

Die Zeiten sind vorüber, in welchen die Höhen des Libanon wegen ihres reichen Waldschmuckes im Liede gepriesen werden konnten, jahrhundertlange rücksichtslose Ausbeutung, ohne dass auf den Nachwuchs irgend eine Aufmerksamkeit verwendet wurde, haben den Waldstand immer mehr vermindert, und was etwa noch übrig bleibt, steht meist in so unzugänglichen Theilen und Schluchten, dass es diesem Umstande allein seine Erhaltung verdankt; die Seidenspinnereien mit ihrem Dampfbetriebe tragen das Ihrige dazu bei, um den Verbrauch zu einem noch rascheren zu machen, und so wird nicht nur fast sämmtliches Bau- und Werkholz von andern Echellen der Türkei, so wie auch von Europa eingeführt, sondern bald wird es dem Lande auch an dem nöthigen Brennmateriale fehlen.

Was die Gerbstoffe anbelangt, so sind hier nur die Galläpfel zu erwähnen; diese bilden namentlich in dem Paschalik von Aleppo einen bedeutenden Handelsartikel. Man unterscheidet daselbst:

1. *Die Galläpfel von Aleppo, schwarze und weisse.* Ihr Productionsort sind die Berge in der Umgebung von Killis, Aintab und Marasch. Die Ernte hat in den Monaten August und September statt, und zwar wird die bessere Qualität von den Bäumen abgenommen, so lange sie noch nicht mit Laub bedeckt sind. Noch grün und zart im Moment der Abnahme, werden diese Gallen in Haufen einige Tage hindurch im Schatten der Luft ausgesetzt und werden so trocken und schwarz. Die Gallen, welche später abgenommen werden, werden weiss, und jene, die bis zum Winter auf den Bäumen bleiben, braunröthlich und bilden die untergeordneten Qualitäten. Zu grosse Hitze während des Sommers ist dem Producte nachtheilig, das dann klein und von geringem Gewichte bleibt.

Der Preis der schwarzen Galläpfel ist 180—200 fl. per Kantar à 200 Okken. Die weissen werden durchschnittlich mit $^2/_3$ oder $^3/_4$ des Preises der schwarzen bezahlt. Von den Productionsorten wird dieser Artikel auf Kameelen in 7—8 Tagen nach Alexandrette transportirt. Oft aber werden sie auch zum Verkaufe nach Aleppo gesendet und von da erst nach der erwähnten Echelle expedirt. Von Alexandrette werden sie auf französischen Dampfern nach Marseille und Liverpool verschifft, nur kleinere Partien gehen nach Triest, Livorno und Genua.

Die Kosten am Productionsorte selbst sind folgende: Sortirungs- und andere kleine Spesen 25 Piaster per Kantar, Säcke und Spagat 21 Piaster, Fracht nach Alexandrette $72\frac{1}{2}$ Piaster, Mauthgebühr 1%, i. e. $19\frac{1}{4}$ Piaster per Kantar, Commission mit Inbegriff der Einschiffungsspesen 10—11 Piaster; somit belaufen sich die gesammten Exportspesen per Kantar auf 150 Piaster, wozu noch $3\frac{1}{2}$%—4% als Commission für den Agenten, der den Einkauf am Productionsorte besorgt, sowie für den Kaufmann in Aleppo hinzugerechnet werden müssen.

Verpackt wird dieser Artikel fast immer in Rosshaarsäcken, die in Marasch oder Mossul gemacht werden, nur selten verwendet man dazu englische Segelleinwand. Je zwei Säcke machen eine Last aus, und zwar tragen Kameele 180 bis 190 und Maulthiere 120—140 Okken.

Verkauft wird die Waare gegen Comptant-Bezahlung. — Das Erträgniss einer mittelguten Ernte ist 200—250 Kantar, wovon das meiste ausgeführt wird, da der Localbedarf nur wenig in Anspruch nimmt.

2. *Galläpfel aus Mossul und Mesopotamien;* sie stammen vorzüglich aus den Bergen der Umgebung von Mossul, Rovandiz, Suleimanie und Zacho. Die Qualität steht jener von Aleppo nach, die Farbe ist nicht so schwarz, eher grünlich. Sie sind auf dem Markte von Marseille unter dem Namen *galles vertes et noires* bekannt. Eine etwas bessere Qualität kommt aus Mardin, am wenigsten geschätzt sind die von Diarbekir importirten.

Die Waare von Mossul und Mardin kostet bei 160 fl. ö. W. per Kantar, jene von Diarbekir bei 130—140 fl. Doch fällt und steigt sie im Werthe je nach der Nachfrage auf den europäischen Märkten. Diese Galläpfel werden, sowie jene von Aleppo, über Alexandrette nach Europa expedirt, und zwar langen die ersten Sendungen aus dem Innern in den Monaten December und Januar an und dauert der Export bis zum Monat August.

Sie werden in Aleppo gewöhnlich für Rechnung der Kaufleute in den Provenienzorten, i. e. Mossul, Mardin und

Diarbekir, verkauft und zwar auf Frist. Durchschnittlich kommen jährlich nach Aleppo von diesem Artikel:

von Mossul 900—1000 Kantar,
„ Mardin 500— 600 „
„ Diarbekir 400— 500 „ à 200 Okken.

In besonders günstigen Jahren wird übrigens sogar das drei- bis vierfache Quantum exportirt.

In den letzteren Jahren ist in so fern eine Aenderung in dem Ausfuhrhandel mit diesem Artikel eingetreten, als ein Theil der Galläpfel von Mossul nunmehr seinen Weg nach Bagdad nimmt, wo er in andere Hände übergeht und sodann nach Indien oder via Suezcanal nach England exportirt wird. Es ist dies eine Folge der durch Midhat Pascha wieder ins Leben gerufenen Dampfschifffahrt auf dem Euphrat; inzwischen geht der grössere Theil der Producte noch immer nach Aleppo und von da durch daselbst etablirte europäische Handelshäuser (Gebrüder Altaras, Gebrüder Poche & Co.) nach Europa.

Auch Gummen liefert Aleppo, und zwar unterscheidet man:

Erste Qualität: Weisse Gummen; Provenienzort: Umgebung von Karkak, jährliches Productions-Quantum 70 bis 80 Kantar à 200 Okken, Preis in Aleppo 50—60 türkische Goldlire per Kantar, wird sämmtlich nach Europa exportirt.

Zweite Qualität: Braune Gummen; Provenienz: Suleimanie und die persische Grenze, jährliches Quantum: 1000 bis 1200 Kantar à 11—12 türkische Lire. Der grössere Theil hiervon wird in der Türkei verbraucht, und nur ein Viertel nach Europa exportirt.

Dritte Qualität: Gummen von noch unklarer Farbe; Provenienz: Diarbekir, jährliches Quantum 400—500 Kantar à 800—900 Piaster, wird nur in der Türkei verkauft; und

Vierte Qualität: Gemischte Gummen; Provenienz gleichfalls Diarbekir, jährliches Quantum 200—300 Kantar à 800 bis 850 Piaster, wird grösstentheils in der Türkei verkauft und nur in ganz geringen Mengen nach Europa exportirt.

Endlich gehört hieher noch die *Rinde* des *Granatbaumes*, wovon in Damascus jährlich bei 4000 Okken à $1\frac{1}{2}$ Piaster auf den Markt kommen und theils von den Gerbereien der Stadt verbraucht, theils nach Egypten ausgeführt werden.

III. Gruppe.
Chemische Industrie.

In Damascus, Aleppo und Beirut bestehen zwar Seifensiedereien, welche jährlich bei 2 Millionen Okken Seife für den einheimischen Bedarf fabriciren, doch kommt davon nichts zur Ausfuhr; auch Wachs, verschiedene ätherische Oele, Stärke und Leim erzeugt Syrien nur für den einheimischen Bedarf. Die chemische Industrie ist bei der niedrigen Stufe, auf welcher das Fabrikwesen wie in der ganzen Türkei so auch hier stehen geblieben ist, in Syrien so zu sagen noch eine terra incognita; fast alle in diese Gruppe einschlägigen Artikel werden aus dem Auslande bezogen, wenngleich die Rohstoffe dazu im Lande vielfach vorhanden sind. Eine Aenderung in diesem für die indigene Industrie so nachtheiligen Verhältnisse ist in so lange nicht zu hoffen, als diese starr an althergebrachten Gewohnheiten und Ueberlieferungen festhält und jedem Fortschritt jene Abneigung entgegenstellt, welche selbst wieder die Folge einer Unwissenheit ist, die sich bei dem Mangel jeglichen technischen und gewerblichen Unterrichts leicht begreifen lässt.

IV. Gruppe.
Nahrungs- und Genussmittel als Erzeugnisse der Industrie.

Auf diesem Gebiete hat die Production Syriens den auswärtigen Consumenten nichts zu bieten, sondern ist vielmehr in vielen Artikeln von dem Auslande abhängig. Ausführliche Erwähnung verdienen nur die *Weine von Cypern*. An gewöhnlichem rothen Wein producirt diese Insel jährlich bei 640.000 Okken zu dem Durchschnittspreise von 1 Piaster per Okka. Ein Drittheil hiervon wird von der Insel selbst verbraucht, der Rest von Limassol auf Segelschiffen nach Alexandrien, Syrien und den Inseln des Archipelagus ausgeführt. Die Qualität wäre eine vorzügliche und würde leicht auch in Europa Absatz finden, wenn der Wein nicht von den Schläuchen, in welchen er von den Productionsorten nach der Stadt zum Verkaufe gelangt, einen sehr vorherrschenden Pechbeigeschmack annähme.

An Export-Weinen, gewöhnlich Commandaria genannt. producirt die Insel jährlich ungefähr 80.000 Okken. Im Lande selbst wird nur wenig consumirt, sondern der Wein von eigenen Speculanten angekauft, die ihn in ihren Kellern abliegen lassen und sodann gegen höheren Preis nach dem Auslande versenden und zwar grösstentheils nach Triest und Venedig mittelst Lloyd-Dampfer, in kleineren Partien nach Alexandrien und Russland per Segel. Die Fracht per Dampfer nach Triest beträgt fl. 1.20 per 100 Zollpfund, per Segelschiff 1 Maria-Theresia-Thaler per Bordolese. Der mittlere Preis ist 2—2$^1/_2$ Piaster per Okka für das einjährige, und 1$^1/_2$ Piaster für das neue Product. Der Commandaria-Wein wird nämlich eben so wie der ordinäre Cyperwein bereits im November gekeltert, ist aber, so lange nicht ein Jahr um ist, noch immer dem Verderben ausgesetzt, nach einem Jahre conservirt er sich sogar in offenen Gefässen, wenn er nicht mit fremden Substanzen vermischt ist. Er wird deshalb gemeiniglich in den Monaten September und October des darauf folgenden Jahres versandt, doch behält er bis zum Ende des zweiten Jahres noch den Pechbeigeschmack des ordinären Weines, sowie die unklare Farbe. Nach und nach aber wird er heller und verliert jeglichen Beigeschmack, bis er nach dem 25. Jahre wieder dunkler wird. Cyperwein von so hohem Alter ist äusserst selten und wird seines Feuers wegen sehr geschätzt. Der in den Kellern aufbewahrte Wein erleidet jährlich eine Verminderung von ungefähr 5%, da er einen Niederschlag, die Mutter genannt, absetzt, welcher zur Verbesserung der jüngeren Weingattungen verwendet wird.

Der Preis des Commandaria-Weines bestimmt sich nach dem Alter, während der 2jährige mit 5 Piaster per Okka bezahlt wird, ist der mehr als 25jährige zu 90 Piaster per Okka gesucht.

Fässer sind in Cypern sehr theuer und schwer zu bekommen, deshalb betragen die Exportkosten von 8% bis zu 10%.

Auch *Branntwein* aus Weintrauben und verdorbenem Wein producirt Cypern, von welchem jährlich bei 150.000 Okken in Fässern mittelst Segelschiffe nach Alexandria versandt werden. Der Preis ist von 3$^1/_2$ bis 5 Piaster per Okka.

Doch steht dieser Branntwein dem Fabricate von Scio um Vieles an Güte nach.

Olivenöl wird in ganz Syrien producirt, ganz besonders aber in den Ebenen von Safed, Nazareth und Nablus. Die durchschnittliche Productionsmenge beläuft sich auf 6 Millionen Okken, im Jahre 1872 betrug sie $5^1/_2$ bis 6 Millionen Okken, wovon 1800 Tonnen exportirt wurden. Der Preis loco variirt zwischen $5^1/_2$ und 8 Piastern per Okka. Die Production dieses Artikels hat in den letzten Jahren sehr zugenommen und es verspricht derselbe bei wachsendem Export einer der wichtigsten Handelsartikel Syriens zu werden.

Die Oelbaumpflanzungen vergrössern sich stetig, besonders an der Küste zwischen Lattakia und Jaffa, wo das Klima dieser Cultur äusserst zuträglich scheint. Man behauptet, dass jährlich bei 500.000 Oelbäume in Syrien gepflanzt werden.

Die besseren Oelgattungen kommen jenen Italiens gleich und Saidas Oel kann mit den feinsten Producten Europas wetteifern.

Ungefähr die Hälfte der Ernte im Lande wird zur Seifenfabrication, $^1/_4$ im Haushalte verwendet, der Rest aber wird ausgeführt. Bis jetzt existirt nur *eine* europäische Oelpresse im Lande, im Uebrigen functioniren die landesüblichen, höchst primitiven Pressapparate.

Die Richtung des Exports geht nach Egypten und Europa, und zwar nach England, Frankreich und Oesterreich, wo es zum Einölen der Maschinen verwendet wird. Haupt-Exportplatz in Syrien ist St. Jean d'Acre, in Palästina Jaffa.

Die Transportkosten per Dampfer betragen nach Marseille 10 Francs per 100 Kilogramm; innere Zollgebühr $8^0/_0$, äussere Zollgebühr $1^0/_0$, Commission $1^1/_2 - 2^1/_2 ^0/_0$.

Der Verkauf in loco geschieht per Cassa, nach Europa mit 3 Monat Wechseln.

Die Insel Cypern producirt zwar in guten Jahren bis zu 1 Million Okken Oel, doch dient das Meiste dem Local-Consum und werden nur kleine Quantitäten davon nach Alexandrien in Egypten exportirt.

V. Gruppe.
Textile und Bekleidungs-Industrie.

Diese Industrie ist so zu sagen die einzige, welche in Syrien noch in grösserem Maassstabe vertreten ist. Besonders von dem orientalischen Markte vermochten die ebenso geschmackvollen als dauerhaften syrischen Woll- und Seidengewebe durch die gleichartigen europäischen Fabricate noch nicht gänzlich verdrängt zu werden, doch ist auch auf diesem Felde eine rasche Abnahme der Production nicht zu verkennen. Trotz des äusserst billigen Tagelohns in diesen Ländern vermag die arbeitsame Hand des Orientalen die Concurrenz mit der ihre Stelle in Europa vertretenden Dampfkraft nicht zu bestehen. In dem Maasse, in welchem der Export der rohen Producte nach dem Auslande zunimmt, vermindert sich gleichzeitig die einheimische Industrie, und die Zeit ist vielleicht nicht mehr sehr fern, wo die einst so viel verbreiteten und noch jetzt geschätzten Woll- und Seidenstoffe Syriens nur mehr in den Raritäten-Sammlungen werden zu finden sein. Immer aber werden sie als Muster eines hoch gebildeten Geschmackes bemerkenswerth bleiben.

Wir werden, wie wir dies bereits früher angezeigt haben, bei den einzelnen Abtheilungen dieser Gruppe auch die bezüglichen Rohproducte zu besprechen Gelegenheit nehmen.

Schafwolle und Schafwoll-Industrie.

Rohe und gewaschene Wolle. Die Haupt-Producenten dieses Artikels sind die Beduinen- und Kurdenstämme, welche an der Ostgrenze der beiden Vilajets von Aleppo und Damascus ausgedehnte Landstriche als Weideplätze für ihre Heerden benützen und alljährlich grosse Quantitäten von Wolle an die vorzüglichsten syrischen Märkte abliefern. Haupt-Stapelplätze für Schafwolle sind Damascus und Aleppo.

Auf dem Markte von Damascus erscheint die Wolle aus dem Hauran, vom Balka-Districte und den der Stadt zunächst gelegenen Theilen der syrischen Wüste, sowie auch die von den in Damascus geschlachteten Thieren gewonnene — calcinirte Wolle. Die Wolle aus den südlichen Theilen des Hauran, sowie aus den dem Jordan zunächst gelegenen Landschaften wird nach St. Jean d'Acre gebracht und gelangt von dieser Echelle auf die ausländischen Märkte.

Die Schafschur fällt in den Monat Mai. Unmittelbar darauf wird die rohe Wolle in Säcken von den Beduinen auf den Markt gebracht, daselbst von den Kaufleuten zu einem im Vorhinein bestimmten Preise angekauft, von welchem je nach der grösseren oder geringeren Reinheit des Artikels 2—3% diffalcirt werden. Der Marktpreis in Damascus ist 1300 bis 2000 Piaster per Kantar à 200 Okken. Die Wolle wird gewöhnlich nur durch Frauen, welche für diese Arbeit 20 Centimes per Tag bekommen, von Knoten und unreinem Beisatz befreit und sodann in Ballen gepresst und versendet. Nur ungefähr 10% der Ausfuhr werden zuvor in Damascus gewaschen und zwar zum Preise von 70—80 Piaster per Kantar. Wenn die Wolle guter Qualität ist, so gehen beim Waschen 35 bis 40% verloren, bei niederer Qualität aber bei 50%; es hängt dies von der Regenmenge ab, welche der Schur vorausging. Durchschnittlich werden von Damascus 2000—2500 Kantar Wolle jährlich exportirt, und zwar in Säcken von 100—120 Okken. Die Waare wird baar bezahlt.

Der Transport bis Beirut kostet 75 bis 85 Piaster per Kantar, bei der Ausfuhr sind noch zu entrichten 1% Zoll, $1^1/_2$ bis $2^1/_2$% Commission und 15 Piaster Courtage per Kantar.

Wichtiger noch als Wollmarkt ist Aleppo. Hier kommt die Wolle der Beduinenstämme in der Umgebung von Aleppo selbst, sowie jener von Hama und Orfa, der Anaze, Hadidin und Schemmar, ferner die Wolle der in den Ortschaften dieser Districte gezüchteten Schafe und schliesslich auch jene der im Gebiete von Mossul weidenden Heerden zum Verkauf. Diese Heerden bestehen grösstentheils aus kurdischen Schafen, doch giebt es daselbst noch eine andere Race, welche der Kreuzung kurdischer mit Beduinen-Schafen ihren Ursprung verdankt und eine bessere und geschätztere Wolle liefert.

Die Wolle der Beduinenhorden aus der Umgebung von Aleppo ist die geschätzteste in ganz Syrien, sie zeichnet sich durch Stärke und Feinheit des Fadens aus und ist auf dem Markte von Marseille unter dem Namen „Perse en Suinte" oder „Surge" bekannt. Beim Waschen derselben ergiebt sich ein Verlust von 20 bis 35%. Nur 5 bis 12% sind von dunklerer Färbung, hellschwarz und grau, der Rest aber weiss, und zwar hat die schwarze Race ihren Werth verloren, seit die Wollweberei in Aleppo in Verfall gerieth und der Export des Rohproductes in gleichem Maasse zunahm. Auch in Orfa und Hama kommt diese Wolle zum Verkaufe. Nachdem sie durch Agenten in kleinen Partien von den Beduinen erstanden ist, wird sie einer vorläufigen Reinigung unterzogen, in grossen Magazinen der genannten Handelsplätze angesammelt und sodann von den Wollhändlern im Grossen an ihre Committenten versendet. Die Waare wird gepresst und in Ballen von circa 100 Okken verpackt; zur Verpackung bedient man sich englischen Segeltuchs.

Der Preis der Waare hängt von der grösseren oder geringeren Nachfrage ab; in den Jahren 1871 und 1872 betrug er in Aleppo selbst zwischen 1800 und 2200 Piastern für je 250 Okken. Ausgeführt wird dieser Artikel von Aleppo und Orfa über Alexandrette und von Hama über Tripolis. Früher war Marseille der hauptsächlichste Markt hiefür, seit 3 bis 4 Jahren gehen grössere Sendungen auch nach Havre, New-York, Boston und Liverpool.

Courtage, Reinigungs- und Verpackungskosten betragen ungefähr 95 Piaster per Kantar; dazu kommen noch die Transportspesen von Aleppo nach Alexandrette mit 65 bis 80 Piaster per Kantar, der Ausfuhrzoll von 1%, der in einem fixen Betrage von $1^{35}/_{100}$ Piaster per je 44 Okken berechnet wird, endlich Verpackungs- und Einschiffungsspesen in Alexandrette mit 9—10 Piaster per Kantar, sowie eine Commission von 2% für den Zwischenhändler. So belaufen sich die gesammten Spesen der via Alexandrette ausgeführten Wolle auf circa 200 Piaster. Verkauft wird dieser Artikel durchschnittlich gegen Baarbezahlung und nur bei sehr grossen Partien wird ein Termin von wenigen Wochen gewährt.

Die Productionsmengen betrugen im Jahre 1871 in Aleppo 3000—3200 Kantar, in Orfa 800—1000 und in Hama 1500 bis 1600 Kantar; im Jahre 1872 in Aleppo 3400—3700 Kantar, in Orfa 500—700 und in Hama 1500—1600 Kantar. Dazu kommen noch

500—800 Kantar ungewaschene Wolle aus den Dörfern der Umgebung von Aleppo, welche der Beduinenwolle im Preise stets um 200—250 Piaster nachsteht, und eben so viel aus den Dörfern der Umgebung von Orfa. Die Import- und Transitmengen aus dem Districte von Mossul betrugen:

aus Mossul und Umgebung im Jahre 1871 7000—8000 Ballen à 100 Okken, im Jahre 1872 8000—10.000 Ballen;

aus Nissibin im Jahre 1871 1400—1800 Ballen, im Jahre 1872 500—600 Ballen;

Aus Mardin und Diarbekir im Jahre 1871 1000—1100 Ballen, im Jahre 1872 800—900 Ballen.

Schliesslich kommen jährlich circa 200—300 Kantar feiner Ziegenwolle (Miréez) aus Zacho in Mesopotamien auf den Markt von Aleppo, wo sie mit 40—50 türkischen Pfunden per Kantar bezahlt werden. Die Farben dieser Wolle sind weiss, schwarz und dunkelroth; die zwei letzten Farben stehen um 40—45% niedriger im Preise als die weisse und werden von der Local-Industrie behufs Anfertigung von Mänteln und anderen Stoffen verwendet. Exportirt wurde dieser Artikel vorzüglich nach Constantinopel und Smyrna.

In Aleppo, Beirut, St. Jean d'Acre wird die für den Export übliche Packung besorgt, wobei die Ballen mittelst hydraulischer Pressen gepresst werden.

Die Wollpreise waren 1871 in Beirut und St. Jean d'Acre per Okka für ungewaschene Wolle 8—15 Piaster, für gewaschene 15—30 Piaster. Ausgeführt wird der Artikel von Beirut und St. Jean d'Acre nach Nordamerika (Boston, New-York), England und Frankreich (Marseille und Havre).

Die Spesen sind folgende:

1% des Schätzungswerthes als Ausfuhrzoll, 30—35 Piaster für Packung und Pressung per Ballen und 5 Piaster Einschiffungskosten.

Frachtkosten per Dampfer bis Marseille für gewaschene Wolle 12 Francs und für ungewaschene (en suinte) 10 Francs per Kilogramm. Nach den übrigen Exportplätzen wird die Wolle auf Seglern, die eigens gechartert werden, verfrachtet. Assecuranz bei Dampfern beträgt $^1/_2$ bis $^3/_4$%, bei Seglern 2—$2^1/_2$%.

Cypern besitzt ungefähr 450.000 Stück Schafe, welche im Durchschnitt im Jahre 150.000 Okken Wolle liefern, wovon 30.000 in der Insel selbst verbraucht werden, der Rest aber nach Frankreich direct und nach Amerika über Smyrna und Beirut und nur sehr wenig nach Triest exportirt wird.

Die Wolle wird in rohem Zustande gepresst in Ballen zu 180—240 Okken exportirt, die Frachtpreise per Dampfer sind folgende:

nach Beirut — Frc. 60 Centimes per Ballen,
„ Smyrna 1 „ — „ „ „
„ Frankreich via Alexandrien 9 Frcs. per 100 Kilogramm,
„ Triest 1 Frc. 20 Centimes per 100 Zoll-Pfund.

Der durchschnittliche Preis ist 5—6 Piaster.

Die Verpackungs-, Mauth- und Einschiffungsspesen betragen 12%, per 1 Wiener Centner.

Die Wollausfuhr betrug im Jahre 1872 in Beirut:
an Damascener-Wolle...... 3000 Ballen,
„ syrischer Wolle .... 625 „
„ Wolle aus Cypern...... 400 „

Die vorzüglichsten Exportfirmen für diesen Artikel in Beirut sind: Bustros und Neffe, Sursock und Brüder, Freige & Co., Naum und Jacob Tabet.

Hadern. Der Haupthandelsplatz derselben in Syrien ist Beirut. Dieselben werden versendet nach den Vereinigten Staaten nach Boston und Neu-York und England. Der Preis der gepressten Hadern ist 200 Piaster per Kantar, 270 Piaster franco bordo, ungepresster 230—235 Piaster; die Zollgebühr ist 1% des Schätzungswerthes, die Fracht mit Seglern 45 bis 50 Shillings per Tonne. Ein Ballen Hadern wiegt 270 bis 300 Okken. Die Häuser Jacub Tabet, Eyub Tabet, Freige & Co. beschäftigen sich mit deren Export.

Woll-Industrie.

Die Fabrication von Wollstoffen war einst, wie die Weberei im Allgemeinen, in Damascus, in Aleppo, in Beirut und im Gebirge in hohem Schwunge. Gegenwärtig genügt sie nicht einmal mehr dem Localbedarfe, sondern wird mit jedem Jahre mehr von der Einfuhr europäischer Fabricate verdrängt.

Ansehnlich ist noch immer die Fabrication von *wollenen Mänteln* (Aba) in Hama, Homs, Damascus Aleppo und dem

Dorfe Sûk im Libanon. Sie werden in weisser, schwarzer und kastanienbrauner Farbe angefertigt und kosten je nach der grösseren oder geringeren Feinheit des Gewebes von 30—150 Piaster per Stück. Von Damascus allein werden jährlich circa 20.000 Stück exportirt und nach Beirut, Nablus, Jerusalem, Ghazaund Aegypten verkauft; eine Ausfuhr dieses Artikels nach ausserhalb der Türkei gelegenen Ländern findet nicht statt, wenn man die wenigen Stücke abrechnet, die jährlich von Reisenden in Syrien selbst angekauft werden.

In Damascus bestehen ausserdem *6 Filzfabriken*. Dieser Filz wird aus alter Baum- und Ziegenwolle angefertigt, welche, nachdem sie in warmem Wasser eingeweicht wurde, ausgebreitet und mit grossen Holzhämmern geklopft wird, bis sie die nöthige Dichte erlangt. Sodann wird sie auf hölzernen Stangen aufgerollt und getrocknet. Jedes Stück Filz ist einen Meter lang und $1\frac{1}{2}$ Meter breit, von grauweisser Farbe und kostet 12—15 Piaster. Jährlich werden in Damascus circa 6000—7000 solche Stücke fabricirt und zum Verpacken werthvoller Stoffe, sowie auch zum Auspolstern der Sättel verwendet.

Teppiche werden sowohl von den im nördlichen Syrien sich aufhaltenden Kurdenstämmen, als auch in einzelnen Dörfern des Libanon-Gebirges angefertigt, nicht aber fabriksmässig in grösseren Etablissements, sondern von den Frauen in den einzelnen Familien, so dass sie eher zu den Producten der Hausindustrie gerechnet werden können. Exportirt wird davon nur weniges nach anderen Provinzen des türkischen Reiches. Diese Teppiche sind durchgehends von geringer Dimension, stehen den gleichartigen Erzeugnissen Anatoliens und Persiens an Güte und Geschmack nach und kosten je nach ihrer Länge, Breite und Dichte von 50—450 Piastern per Stück.

Baumwolle. Die Productionsorte derselben sind die vom Djihan-Flusse durchströmten Tiefebenen von Tarsus und Adana im Vilajet gleichen Namens mit der Ausfuhr-Echelle Mersina. Die Kreise Lattakia, Djablé und Merkab im Mutesarifllik von Tripolis mit der Ausfuhr-Echelle Lattakia, versuchsweise die Kreise Saida und Sur des Mutesarilliks von Beirut mit der Ausfuhr-Echelle gleichen Namens, die

Kreise von Acre, Dschenin und Caifa des Mutesariffliks von St. Jean d'Acre, der Kreis von Nablus und Samaria mit den Ausfuhr-Echellen in St. Jean d'Acre und Caifa.

Die Baumwollproduction in Syrien ist uralt. Die Kreuzfahrer schon fanden sie in diesem Lande, welches damals eine hohe Stufe in der Industrie erreicht hatte, eingebürgert. Bis Ende des vergangenen Jahrhunderts versorgte sich das Land selbst mit baumwollenen Geweben. Erst die colossale Entwickelung der englischen Baumwoll-Industrie, durch vervollkommnete Maschinen und geschulte Arbeiter, verbunden mit der Freihandelspolitik der ottomanischen Regierung für ausländische Industrie-Erzeugnisse, lieferten die syrische Baumwoll-Industrie auf Gnade und Ungnade der auswärtigen Concurrenz aus. Während jedes fremde Industrieproduct nach Entrichtung des Zollsatzes von 8%, der in Folge der Corruption der ottomanischen Zollbeamten und der gefälschten Facturen oft auf blos 4% heruntergedrückt wird, frei im Lande circuliren kann, hat jedes inländische Erzeugniss mit einem inneren Zoll von nominell 8%, oft auch mehr, zu kämpfen, andererseits aber sind die für die Ausfuhr nach auswärtigen Staaten bestimmten Rohproducte mit einem Zoll von blos 1% belastet. In Folge dieser eigenthümlichen ottomanischen Handelspolitik ist die Baumwoll-Industrie in den Städten Hama, Homs, Aleppo, Damascus vollständig zu Grunde gerichtet worden.

Es wird demnach alle producirte Rohbaumwolle bis auf verschwindend kleine Quantitäten nach dem Auslande ausgeführt, und zwar betrug die im Jahre 1852 nach Europa exportirte Quantität 1,300.000 Pfund; 1852—1861 hatte eine bedeutende Abnahme statt, theils in Folge schlechter Ernte, theils da die niedrigen Baumwollpreise die Cultur von Getreide und Sesam vortheilhafter erscheinen liess. So hatte die Exportation dieses Artikels aus Syrien während der Jahre 1855 bis 1858 nahezu gänzlich aufgehört.

Der durch den amerikanischen Krieg bewirkte Umschwung im Baumwollhandel gab auch dem Export aus Syrien frischen Impuls und die in Europa in den darauf folgenden Jahren erzielten hohen Preise liessen den Export im Jahre 1869 die Höhe von 4,200.000 Pfund erreichen. Doch in Folge schlechter Ernte und Verwüstungen durch Heuschreckenschwärme sank der Export im Jahre 1870 wieder auf 1,059.800 Pfund.

Der verwendete Baumwollsamen ist einheimischer; während der amerikanischen Baumwollkrisis versuchte es die Regierung, ägyptischen und amerikanischen einzubürgern; die Bauern aber wiesen ihn aus Misstrauen zurück. Die Baumwolle wird an Ort und Stelle von den Bauern auf die alte Weise, nämlich mit zwei in entgegengesetzter Richtung durch eine Kurbel in Bewegung gesetzte Walzen gereinigt. Grössere Maschinen zum Egreniren bestehen nur in den Baumwoll-Echellen, wie Mersina, Tarsus, Lattakia und St. Jean d'Acre.

Die syrische Baumwolle hat einen kurzen, 2 Centimeter langen, sehr weissen und elastischen Stapel. Die beste Sorte der Qualität nach ist jene von Nablus, sie wurde ehedem um 10% höher notirt als die übrigen Baumwollsorten Syriens. Seitdem jedoch die Producenten auf deren Reinigung weniger Sorgfalt verwendeten und sie absichtlich mit fremden Stoffen vermengten, wird die dortige Baumwolle um 5—10% niedriger angekauft. Nach ihr kommt die Adana-Baumwolle, und schliesslich jene von Lattakia und Umgebung.

Die Aussaat beginnt im März, die Ernte Ende October und dauert bis zum Schluss des Jahres. Da die Baumwollstaude einen durch regelmässige Niederschläge getränkten Boden erheischt, diese aber in dem baumarmen, durch wenige Küstenflüsse bewässerten Syrien in unzureichender Menge stattfinden, so weisen die auf einanderfolgenden Jahre oft die grössten Differenzen in den Ernte-Ergebnissen auf.

Wie bei der Seide und Schafwolle, lassen die Handelshäuser durch Agenten den Kaufleuten Vorschüsse auf die Ernte geben, die 12—15% verzinst werden. Zur Erntezeit wird das Guthaben durch Waare getilgt. Die Zwischenhändler erhalten für ihre Bemühungen 2—2½%. Im Allgemeinen wird jedoch die Baumwolle von den einheimischen Kaufleuten an die auswärtigen Commissionshäuser in den syrischen Baumwollplätzen nur per Cassa begeben.

Die Preise richten sich nach Massgabe jener von Liverpool, Marseille und Triest. Im Jahre 1872 betrugen sie in St. Jean d'Acre und Caifa 8—9 Piaster per Okka, in

Mersina 26—33 Piaster per Batman (4 Okken), in Lattakia 7—8 Piaster per Okken.

Die aus grober Sackleinwand bestehende Emballage sammt der Pressung mittelst hydraulischer Pressen kostet 22—25 Piaster per Ballen, der 160—180 Okken fasst.

Die Commissionsgebühr beträgt, wie oben bemerkt, 2--2$^{1}/_{2}$% des Werthes. Fracht per Dampfer nach Marseille 15 Frcs. per 100 Kilogramm, bei Concurrenz 8—10 Frcs.; die Zollgebühr beträgt 1% des Schätzungswerthes nach Abzug eines Escomptes von 10%. Einschiffungskosten 1 Frc. per Ballen. Die Ausfuhr nimmt ihre Richtung nach England (Liverpool), Frankreich (Marseille), Oesterreich (Triest), Italien (Genua und Livorno), Adana-Baumwolle zum Theile nach Smyrna.

Die Productionsmenge betrug im Jahre 1871:
    in Acca und Caifa .... 670 Ballen,
    „ Lattakia .... 1.200 „
    „ Mersina................... 66.000 „

Im Jahre 1872 wird das Ernte-Ergebniss geschätzt:
    für St. Jean d'Acre und Caifa auf 2000 Ballen,
    „ Lattakia................. „ 2000 „
    „ Mersina................. „ 8000 „

Im Jahre 1870 wurden in der letztgenannten Echelle gegen 11.000 Ballen verschifft. Ein grosser Theil der Adana-Baumwolle wird nach Smyrna ausgeführt, um, mit der Subudscha-Sorte vermengt, unter dem Namen der letzteren auf den europäischen Markt zu gelangen.

Die aussergewöhnlich geringe Ernte des Jahres 1871 war eine Folge der grossen Dürre, die Syrien heimgesucht hatte: im Jahre 1872 haben die hiedurch entmuthigten Landleute ihre Baumwollfelder zum Theile mit Sesam besäet.

Im Jahre 1871 wurden exportirt von St. Jean d'Acre und Caifa:
    nach Oesterreich........... 250 Ballen,
    „ Frankreich .... 250 „
    „ England............. 170 „
von Lattakia:
    nach Frankreich .... 600 Ballen,
    „ Oesterreich........... 300 „
    „ Italien............... 300 „

von Mersina:

    nach Oesterreich ...   10.000 Ballen,
    „ Frankreich .... 12.000 „
    „ England .... 24.000 „
    „ Smyrna .... 20.000 „

Die meisten Baumwollhäuser in St. Jean d'Acre und Lattakia sind Filialen der Beiruter Häuser. E. Peyron, Sagrandi, Assad, Melheme, Sursock frères, Toucini, Boustros et neveu. Als selbstständige Häuser verdienen erwähnt zu werden in St. Jean d'Acre und Caifa: Datodi, Petrocochino und Schiropina, Avimino Christo, M. A. Sropinich, Selim Huri; in Lattakia: Geoffroy, Piccaluga; in Mersina: Streiff und Zollinger, Castravelli.

Von namhafter Bedeutung könnte der Handel mit syrischer Baumwolle erst werden, wenn der schlechte einheimische Samen allmählig durch einen vom Auslande zu beziehenden besseren ersetzt würde. Während der Occupation des Landes durch den ägyptischen Statthalter Ibrahim Pascha, wurde von diesem der Versuch gemacht, ägyptischen Samen einzubürgern, und zwar mit gutem Erfolge, nur ist die Cultur eine mühsame, erheischt sorgsamere Bewässerung und überhaupt grössere Aufmerksamkeit als die Cultur des einheimischen Samens, und deshalb wurde sie von dem indolenten syrischen Bauer wieder aufgegeben, sobald die Fürsorge der Regierung aufhörte, sich diesem Gegenstande zuzuwenden. Versuche mit amerikanischem Samen dürften hingegen niemals zu einem erspriesslichen Resultate führen, da die Trockenheit des Klimas und des Bodens in den meisten Gegenden Syriens seiner Einbürgerung ein schwer zu überwindendes Hinderniss entgegensetzt.

Im Paschalik von Aleppo wird Baumwolle producirt; in Idlep, in den Dörfern von El-Halaca und in Killis.

Die Aussaat fällt in die Zeit vom 25. April bis 15. Mai, die Ernte beginnt in den Monaten October und November. Im ganzen Paschalik von Aleppo wird nur einheimischer Samen verwendet, Versuche mit amerikanischem Samen misslangen, theils weil sie mit zu geringer Umsicht angestellt, theils weil die Bodenbeschaffenheit demselben nicht zuträglich ist. Die Reinigung der Baumwollkapseln wird noch immer mit landesüblichen Handmaschinen vorgenommen, wovon eine durchschnittlich per Tag 8 Okken unvollkommen gereinigte Baumwolle liefert. Verschiedene europäische Häuser begannen die Reinigung im Grossen mit eingeführten europäischen Egrenirmaschinen zu betreiben, doch das Geschäft rentirte sich schlecht wegen der zu hohen Betriebskosten, so dass die mit grossen Kosten aufgestellten Maschinen bald wieder zur Unthätigkeit verurtheilt waren.

Die Qualität Halaka ist die geschätzteste wegen der Stärke des Fadens, der eine gründlichere Reinigung gestattet; ihr an Güte am nächsten ist die Baumwolle von Idlep, die wenigst geschätzte ist jene von Killis.

Bei der Egrenirung mittelst der landesüblichen Handmaschinen liefern 200 Okken Baumwollkapseln:

von Halaka 46—49 Okken gereinigte Baumwolle,
„ Idlep .. 44—48 „ „ „
„ Killis .. 38—40 „ „ „

Die Preise sind je nach der Qualität der Ernte und den Verhältnissen des europäischen Baumwollmarktes sehr verschieden.

Im Jahre 1871 notirte Baumwolle von Idlep anfangs mit 1825 Piastern per Kantar à 250 Okken, stieg sodann auf 2325 Piaster, um mit 1900 Piastern zu schliessen.

Ebenso notirte Baumwolle von Killis anfangs mit 1750 Piastern, stieg dann auf 2250 und schloss mit 1700 Piastern.

Die Qualität Halaka notirt durchschnittlich mit 50—75 Piaster höher per Kantar.

NB. Bei allen Preisangaben hier ist der Piaster zu 0.13 Silber-Gulden ö. W. gerechnet.

In den Productionsorten und den benachbarten Städten wird nur wenig von den einheimischen Spinnereien und zur Anfertigung von Matrazzen verbraucht, so dass fast die ganze Ernte zur Ausfuhr gelangt.

Die Productionsmengen im Jahre 1871 waren folgende:

in Idlep.............. 750—850 Kantar,
„ Killis .... 800—900 „
„ El-Halaka .... 600—650 „

In guten Baumwolljahren erreicht die Production die doppelte Höhe.

Den Baumwollbauern werden auf ihre Aussaat von den Baumwollhändlern zuweilen Vorschüsse gewährt, doch da hiermit häufig, wegen der unsicheren Rechtszustände, Verluste verbunden sind, so zieht es der Handelsmann gewöhnlich vor, die Ernte an Ort und Stelle durch eigene Agenten ankaufen zu lassen.

Die Baumwolle von Idlep wird über Alexandrette und Lattakia, jene von Halaka und Killis nur über Alexandrette exportirt.

Die Verpackungs- und Versendungskosten aus dem Inneren bis zur Echelle mit Inbegriff des 1%, des Ausfuhrzolles betragen durchschnittlich 185—198 Piaster per Kantar à 250 Okken, ferner lasten darauf noch $3\frac{1}{2}$—4% als Commission für den Händler in Aleppo und den Agenten am Productionsorte selbst.

Die Insel Cypern exportirt durchschnittlich circa 8000 Ballen à 200 Wiener Pfund i. e. 90 Okken. Ein Viertel dieses Productes stammt von amerikanischem, der Rest von einheimischem Samen. Im Allgemeinen ist die Baumwolle von Cypern weiss, von kurzem Faden und äquiparirt ungefähr mit jener von Smyrna. Der Preis variirt von 20—30 Piaster per Litre, i. e. $2\frac{1}{2}$ Okka. Die Verpackungs- und Einschiffungsspesen belaufen sich auf 20 Piaster per Wiener Centner. Der Localconsum nimmt beiläufig 1000 Ballen in Anspruch, von dem Reste werden $\frac{3}{8}$ nach Frankreich, $\frac{2}{8}$ nach Oesterreich, $\frac{2}{8}$ nach England und $\frac{1}{8}$ nach Smyrna verschifft.

Die Dampfer-Frachten für in Ballen gepresste Baumwolle, von welcher der Ballen ein Gewicht von 160—220 Okken hat, betragen:

nach Triest 2 fl. per Zoll-Centner,
„ Marseille 10—12 Frcs. per 100 Kilogramm,
„ Liverpool $\frac{1}{2}$ Penny per engl. Pfund,
„ Smyrna 1 fl. per Zoll-Centner.

Was die Baumwoll-Industrie betrifft, so ist die Verarbeitung einheimischer Baumwolle durch die Importation ausländischer Stoffe und vorzüglich englischer Baumwoll-Artikel in Syrien nahezu vollkommen beseitigt worden, so dass diese Art Fabrication für den Handel von keiner Bedeutung ist, hingegen hat die Erzeugung von Baumwollstoffen aus hierher importirten englischen Baumwollgarnen die Stelle der früheren syrischen Baumwollweberei zu ersetzen gesucht, jedoch nur in beschränktem Maasse.

In diese Kategorie gehört:

a. Ein Baumwollstoff, *Mabrum* genannt, von grauer Farbe, aus dem die ärmere Classe der Eingebornen ihre Hemden verfertigt. Mit dieser Fabrication sind in Damascus 300 Weber beschäftigt, welche jährlich circa 300.000 Stück anfertigen, das Stück zu 10—12 Pik und je nach der Qualität im Werthe von 10—20 Piastern. Ein Theil davon wird in Damascus selbst verbraucht, vieles nach Aegypten und eine kleine Quantität nach Bagdad exportirt.

b. Eine Art Indienne, *Dima* genannt. Auf 200 Webstühlen werden jährlich circa 300.000 Stück von $10\frac{1}{2}$ Metern Länge in verschiedenen Farben und Dessins im Werthe von 20—50 Piaster per Stück angefertigt. Davon gehen ungefähr 60.000 Stück nach Bagdad und Constantinopel, die übrigen werden im Lande selbst verbraucht; endlich

c. *Kham*, eine Nachahmung grober amerikanischer Leinwand von grauer Farbe. 350 Webstühle verfertigen jährlich circa 20.000 Stücke in der Länge von 24 Pik das Stück und im Werthe von 40—60 Piastern. Das gesammte Erzeugniss wird in Syrien selbst von den Eingebornen und den garnisonirenden Truppen zu Kleidungsstücken verbraucht.

Seiden-Cultur und Seiden-Industrie.

Den ersten Platz in der agricolen, sowie industriellen Thätigkeit Syriens nimmt die Seidenzucht und Seidenspinnerei ein. Schon frühzeitig war am phönizischen Gestade und im Libanon die Maulbeerzucht im Gang und wurde vorzüglich von den arbeitsliebenden Maroniten und Drusen betrieben, deren Hauptgewerbe seit einigen Jahrhunderten bis heute die Seidenproduction gewesen und noch gegenwärtig geblieben ist. Morus alba ist unter den Bäumen der grösste Schatz des Landes, denn er giebt zugleich die allgemeinste Beschäftigung, die den Capitalisten eben so gut in Thätigkeit hält wie den Industriellen und den Landmann. Der Reiche lässt die Maulbeerpflanzungen durch seine Leute besorgen, der Arme und der kleine Besitzer pflegt sie selbst, wobei er noch andern Pflichten des Erwerbes nachgehen kann, da diese Pflege nur 2—3 Monate in Anspruch nimmt. Der weisse Maulbeerbaum wird durch den Samen fortgepflanzt, erst im vierten Jahre wird die Pflanze gepfropft, um sie dann zur Nahrung für die Seidenwürmer zu erziehen. Aller Boden zu neuer Pflanzung muss 2 Jahre hindurch gut gedüngt und vorbereitet sein. Bäume ohne Bewässerung kann man nur niedrig halten, aber auch mit Bewässerung lässt man sie nur 9—12 Fuss hoch aufwachsen, um ihre Kraft für das Laub zu erhalten, die sonst in das Holz gehen würde, da das ganze Streben nach Erzielung reicher Blätterfülle gerichtet ist. Deshalb werden die Blätter jedes Frühjahr zu Brennholz gekappt und auch die Zweige mit den Blättern zur Fütterung gegeben. Der zweite Blattschuss dient, weil dann die Verpuppung der Raupe im Freien schon geschehen ist, zu Viehfutter, zumal für den Hammel mit dem Fettschwanz.

Besondere Sorgfalt wird auf die Cultur des Maulbeerbaumes in der Umgebung von Beirut verwendet. Der Boden wird sorgfältig umgeackert, bei eingetretener Hitze gelockert, künstlich bewässert und durch Dünger gekräftigt. Für den Nachwuchs wird durch Baumschulen gesorgt. In den Maulbeerpflanzungen wird eine gewisse Symmetrie beobachtet, indem man von Baum zu Baum eine Distanz von circa $2^1/_2$ Meter lässt.

Seidencocons. Gegenwärtig wird die Seidenzucht im Vilajet Syrien betrieben: in den Mutesarifliks von Libanon, Beirut, Tripolis und in den Casas Hasbeya, Bascheya und Balbek des Mutesarifliks von Damascus. Das Centrum des Seidenhandels ist Beirut. Insbesonders ist der westliche Abhang des Libanon von Tripolis bis Saida mit der vorgelagerten Ebene von Beirut ausschliesslich der Seidencultur gewidmet.

Der einheimische Seidensamen ist durch die vor 10 Jahren aufgetretene Seidenwürmerseuche bis auf wenige Orte auf den höchsten Bergen des Libanon vollständig vernichtet worden. Als die Krankheit Mitte der 60er Jahre ausbrach, waren die syrischen Seidenzüchter genöthigt, sich Seidenraupensamen von Cypern und Aegypten kommen zu lassen. Das Experiment gelang nicht; denn die von dort bezogenen Samen producirten gleichfalls eine der Seuche unterworfene Raupe. Man musste daher gleich wie in den sericolen Ländern Europas seine Zuflucht zum japanesischen Samen nehmen. Dieser, der in dem ersten Jahre einen Cocon in der Länge von 1 $^1/_2$ Centimeter grünlichgelber Farbe liefert, ist nicht nur in der ersten Production, sondern bis zur sechsten Reproduction, zu welcher er nunmehr gelangt ist, von der Seuche verschont geblieben. In der Reproduction ändert der aus japanesischem Samen gewonnene Cocon Farbe und Gestalt; die erste bleicht vom Grün zu einem hellen Gelb ab, während der Cocon zugleich an Umfang zunimmt, so dass er in der sechsten Reproduction, dem ehemaligen einheimischen Cocon an Farbe und Grösse sich nähert.

Die Reproductionen aus Japan haben bisher einen im grossen Ganzen gesunden und kräftigen Samen geliefert. Die enormen Preisunterschiede zwischen Original- und reproducirtem japanesischen Samen, die für den Carton von 7 Dramm 18 Frcs. betragen, sowie das grössere Erträgniss aus der Reproduction bestimmen die Seidenzüchter, reproducirten Samen zu verwenden.

Der Carton japanesischen Original-Samens von 7 Dramm kostet nämlich 25 Frcs., die gleiche Gewichtsmenge reproducirten Samens je nach der Qualität nur 2—3, höchstens 5 Piaster. Von dem inländischen Samen producirt ein Dramm Samen 3—4 Okken Cocons, der japanesische Original-Samen 1—1 $^1/_2$ Okka Cocons, der reproducirte japanesische Samen 20 Okken Cocons.

Aus dem einheimischen Samen wird 1 Okka Seide aus 9—10 Okken Cocons gewonnen; aus dem japanesischen Samen wird 1 Okka Seide aus 17—18 Okken Cocons gewonnen, aus dem reproducirten japanesischen Samen geben 14—15 Okken Cocons 1 Okka Seide.

Die Raupen kriechen aus in der Zeit vom 1. bis 30. April, je nach der Seehöhe der sericolen Districte. Um Beirut findet dies in der ersten Aprilwoche statt, im Hochgebirge erst Ende desselben Monats. Bis zur Einspinnung verfliessen 45 Tage, während welcher Zeit die Raupe vier Häutungen durchzumachen hat. Die Coconscampagne beginnt somit Mitte Mai und dauert bis Mitte und Ende Juni. In den Küstenebenen werden die Raupen in mit Reisig bedeckten Hütten, im Gebirge in den Häusern untergebracht. In der ersten Zeit, wenn die Raupe noch schwach ist, werden die Maulbeerblätter klein zerschnitten, später, bei schon vorgeschrittener

Kräftigung erhalten sie ganze Zweige des Maulbeerbaumes zur Nahrung.

Der japanesische Original-Cocon ist, wie oben bemerkt, von grünlichgelber Farbe; der reproducirte japanesische Cocon nimmt eine gelbe, selten weisse Färbung an; die erstere ist die geschätztere. Der Faden des japanesischen Cocons ist schwach, in der Reproduction wird er stärker und erlangt die bei der syrischen Seide auf dem europäischen Markte so sehr geschätzte Elasticität. Die syrischen Cocons sind die ersten, welche auf dem französischen Seidenmarkte erscheinen. Um die Zeit, wo die Raupen in Europa kaum ausgekrochen sind, ist die Coconcampagne in Syrien schon vollendet. Die syrischen Producenten, welche sich keine richtige Schätzung über den Ausfall der Ernte in Frankreich und Italien bilden können, beginnen demnach mit niederen Preisen, welche jedoch regelmässig steigen. Im Jahre 1871, wo eine mittelgute Ernte nach Qualität und Quantität stattfand, eröffneten die Cocons die Campagne mit 18 Piaster und endigten sie mit 27 Piaster per Okka. Im Jahre 1872, wo die Nachfrage in Europa eine grössere war, und auch die Ernte qualitativ und quantitativ, insbesonders um Beirut und im Hochgebirge besser ausfiel, begannen die Cocons mit 25 Piaster (5 Frcs.) und endigten mit 35 Piaster (7 Frcs.) per Okka. 7 Frcs. ist der Maximalpreis, der im Jahre 1872 erzielt wurde; der Durchschnittspreis betrug 33 Piaster. Von getrockneten und gepressten Cocons kostet die Okka 19—22 Frcs. Die Cocons werden ausgeführt, insbesonders nach Frankreich und in kleinen Partien auch nach Italien. Die Versendung der Cocons findet statt in der Zeit vom 20. August bis 20. September, wo die Puppen vollständig ausgetrocknet und verstäubt sind.

Die Transportkosten sind folgende:

100 Kilogramm gepresster Cocons bezahlen von Beirut bis nach Marseille 25 Frcs. mit den Messageries maritimes. 100 Kilogramm ungepresster Cocons entrichten auf der gleichen Strecke 32 Frcs.

Die Assecuranz beträgt 30 Centimes per 100 Frcs.; im Sommer, im Winter und den Perioden der Stürme $^3/_4$ % der assecurirten Summe bei der Assecuranz-Abtheilung der

Messageries maritimes; die Gesellschaft Fraissinet berechnet
$^1/_3\%$ der Versicherungssumme als Assecuranzprämie.

Der Ausfuhrzoll beträgt 30 Para = $^3/_4$ Piaster Regierungscurs per Okka. Die Pressung eines Ballens kostet zwischen 18 und 25 Piastern, die Einschiffungsgebühr bis an Bord per Ballen 5 Piaster gleich 1 Frc.

Die Beiruter Cocon- und Seidenhändler ziehen mit 6% verzinsliche Wechsel 3 Monate a dato auf ihre Geschäftsfreunde in Marseille, und gewähren andererseits mit 12% verzinsliche Vorschüsse an die Producenten, von denen sie sich ihr Guthaben durch Waare decken lassen, welche sie sodann behufs Zahlung ihrer Wechselschulden an ihre europäischen Geschäftsfreunde senden, oder in Commission in Marseille verkaufen lassen. Die Commission beträgt in diesem Falle 3%. Einige französische Seidenhäuser lassen durch Agenten directe Vorschüsse auf die anzuhoffende Ernte ertheilen.

Die Cocons werden in Ballen von 55—65 Okken auf hydraulischem Wege gepresst, wobei man jedoch Sorge trägt, eine zu starke Pressung zu vermeiden; die Emballage besteht blos in starker englischer Leinwand, die durch 4—5 Stricke in der Breite zusammengehalten wird.

Die bedeutendsten Coconnieren gehören den Firmen Sagrandi, Duplan, Nicolas Portalis, Ibrahim Asfar. Die Productionsmenge im Jahre 1872 belief sich auf 2,000.000 Okken frischer Cocons. 60.000 Okken, und zwar 592.000 Okken ausgedämpfter und 8000 Okken durchbohrter Cocons wurden nach Frankreich und Italien geschickt, 1,200.000 wurden zu Rohseide im Lande versponnen und hierauf nach Frankreich versendet.

200.000 Okken wurden im Lande versponnen und zu einheimischen Seidengeweben wie Keffiehs, Suratis, Gürtel, Stickereien und Posamentierartikeln verarbeitet.

Durchbohrte Cocons (Cocons percés) sind die Cocons, deren Puppen nicht getödtet, sondern zur Zucht aufbewahrt werden. Der Cocon wird von dem sich zu entpuppenden Schmetterling durchbrochen und der Faden demnach zerstört. Diese Cocons werden insgesammt nach Marseille expedirt. Der Marktpreis in Beirut betrug 1872 55—60 Piaster (11—12 Frcs.) per Okka; in Marseille nach Maassgabe des Angebotes und der Nachfrage 10—12 Frcs. das Kilogramm. Der hiesige Käufer trägt stets Sorge, die Waare vollkommen trocknen zu lassen, ehe er den Kauf abschliesst; die Gewichtsdifferenz zwischen getrockneter und frischer Waare beträgt nämlich 5—10%.

Spesen: Die Douanengebühr 22 Para Regierungscurs per Okka. Frachtgebühr mit den Messageries maritimes 18 Frcs. je 100 Kilogramm. Einschiffungsgebühr je 1 Frc. per Ballen. Die Emballage, die aus grober Sackleinwand besteht, 15—25 Piaster; zusammengenommen betragen die Kosten von Beirut bis Marseille 7% des Beiruter Marktpreises. Die Ballen werden mittelst hydraulischer Maschinen gepresst. Bezüglich der Zahlungsmodalitäten und der Exportfirmen gilt das bei den einfachen Cocons Bemerkte. Die Production des Jahres 1872 belief sich auf 5'000 Okken. Zu erwähnen wären hier noch die Doppelcocons, welche ungefähr 8—10% der gesammten Cocon-Ernte ausmachen, jedoch nicht exportirt, sondern im Lande versponnen werden.

Im Jahre 1872 wurden 200.000 Okken Doppelcocons geerntet, welche à 2$^1/_5$ Frc. einen Werth von circa 440.000 Frcs. repräsentiren.

Seidenraupensamen. Bis vor wenigen Jahren producirte Syrien nur so viel Seidenraupensamen, als es für die eigene Seidencultur benöthigte, da der äusserst niedrige Preis des Artikels die Ausfuhr desselben nach anderen Ländern wenig einträglich gemacht hätte. Manchmal war der vorhandene Vorrath an Samen nicht einmal hinreichend, und fast alljährlich begaben sich syrische Seidenzüchter nach Candien, Macedonien und anderen Orten, um daselbst den ihnen nöthigen Samen zu sammeln und zu präpariren.

Seitdem aber das Auftreten der Krankheit unter den Würmern in allen sericolen Ländern Europas die Nachfrage nach gesundem Samen immer mehr steigerte und man in Syrien die Erfahrung machte, dass der eingeführte japanesische Samen in der Reproduction an Güte und Kraft zunehme, wendete man auch hier seine Aufmerksamkeit der Production des

Samens für die Ausfuhr zu. In dem Jahre 1869 und 1870 wurden 1200 Kilogramm syrischen Seidensamens exportirt und zwar vorzüglich nach Frankreich und nur kleine Quantitäten nach Aegypten und Italien. Der Hauptproductionsdistrict dieses Artikels ist der Libanon. Wie bereits erwähnt wurde, reicht die Reproduction des japanesischen Samens gegenwärtig bis ins 7. Jahr und sind die Resultate derselben im Durchschnitte befriedigend. Es kommen zwar hie und da Seidenraupenseuchen vor, doch liefert auch der japanesische Samen nicht immer eine durchwegs gesunde Raupe. Die Krankheit beginnt mit Brandflecken, die sich an den Füssen und dem Kopfe der Raupe zeigen, zu welchen Symptomen sich die Abnahme des Nahrungstriebes gesellt, die das Absterben zur Folge hat.

Von der inländischen Reproduction kostet das Dramm 2—3 auch 5 Piaster bei vorzüglicher Qualität, ein Carton japanesischen Samens von 7 Dramm 25 Frcs. Exportirt wird gegenwärtig Samen nach Frankreich, Creta, Cypern, Aegypten, den Districten Alexandrette, Lattakia und Saida.

Die Fracht beträgt bis Marseille 1% des Werthes. Ausfuhrzoll 1%. Die Käufe werden per Cassa abgeschlossen. Man verkauft den Samen nach der französischen Unze von 8 Dramms.

Man lässt den Schmetterling die für die Ausfuhr bestimmten Samen auf eine aufgespannte Leinwand legen, rollt diese zusammen und lässt sie in einem durchlöcherten Blechkistchen mit Schnüren befestigt in der Luft frei schweben. Der für die hiesige Seidenproduction bestimmte Same wird im Hochgebirge des Libanon in Klöstern und Kirchen an trockenen, rauchfreien und luftigen Orten bis Mitte März aufbewahrt. Bevor die Samen zum Ausbrüten ausgebreitet werden, entfernt man im Wasser die tauben von den guten Sameneiern.

Die Firmen Ibrahim Asfar und Georges Nakkasch in Beirut beschäftigen sich vorzugsweise mit der Einbürgerung des in Syrien reproducirten japanesischen Samens in Europa, wo derselbe noch schönere Erfolge ergeben soll, als in Syrien selbst.

Die Gesammtproduction betrug im Jahre 1872 2,500.000 Dramm oder ungefähr 250.000 Cartons; davon wurden 300.000

Dramm nach Frankreich und 300.000 Dramm nach Cypern, Egypten, Creta, Lattakia etc. exportirt. Der Rest wird im Lande verbraucht.

Der Import des japanesischen Original-Samens beläuft sich auf 1000 Cartons, von welchen jedoch ungefähr $1/4$ taube Sameneier enthält. Dieser Umstand erklärt sich dadurch, dass die japanesischen Cartons häufig schon in Japan verfälscht werden.

Rohseide (soie grège).
a. Für den Export bestimmte. Das Verspinnen des Fadens zu roher Seide ist eine seit vielen Jahrhunderten in Syrien einheimische Gewerbsthätigkeit, doch war das dabei angewendete Verfahren bis vor wenigen Jahrzehnten ein rohes, unvollkommenes, auf uralte Gewohnheit sich stützendes, das natürlich nur eine grobe, ungleiche, blos im Lande zu den nationalen Geweben verwendbare Seide lieferte. Erst seit dem Jahre 1838 wurde vorzüglich von Europäern eine rationellere Spinnmethode, wie sie eine fortschreitende Technik in unserem Erdtheil längst eingebürgert hatte, auch in Syrien eingeführt, so dass die aus syrischen Spinnereien auf europäische Märkte gelangende Seide daselbst nunmehr mit dem feinsten Gespinnste anderer sericolen Länder in erfolgreiche Concurrenz treten kann. Den französischen Kaufleuten Nicolas und Fortuné Portalis gebührt das Verdienst in dieser Richtung die Initiative ergriffen zu haben, durch Errichtung einer Seidenspinnerei nach französischem Muster im Drusen-Dorfe Bteter im Libanon, 3000 Fuss über der Meeresfläche, im Districte Schûf. Dieses Etablissement, in welchem heute 120 Siedbecken und ebensoviele Haspeln existiren, arbeitet gewöhnlich während 10 Monaten des Jahres, verspinnt in diesem Zeitraum circa 80.000 Kilogramm Cocons, die im Durchschnitte 5—6000 Kilogramm Seide liefern. Im Ganzen werden beiläufig 60% der producirten Cocons in den syrischen Spinnereien zu Rohseide versponnen. Die Spinnweise ist der französischen gleich. Die syrischen Filaturen, welche für den französischen Markt arbeiten, datiren vom Jahre 1845 ab.

Das Territorium der Seidenspinnereien ist ein sehr beschränktes, da nur am westlichen Abhange des Libanon und in der Küstenebene bei Beirut Filaturen existiren. Ausserhalb dieser 2 Territorien bestehen nur noch 2 Filaturen, nämlich eine in Tripolis und eine der Firma Abela gehörige in Saida.

Die Gesammt-Anzahl der Spinnereien beläuft sich auf 66, von welchen vier, nämlich jene der Firma Sursock frères, Thian, Huri in Beirut und Fortuné Portalis im Libanon, auf Dampfbetrieb eingerichtet sind. In den übrigen 62 Spinnereien wird das Verspinnen durch Handarbeit besorgt, die ein gleichmässigeres Product liefert, als die auf Dampfbetrieb eingerichteten Spinnereien. Diese 66 Spinnereien haben ungefähr 4000 Siedkessel, die sämmtlich durch Dampf mit warmem Wasser gespeist werden. Die Heizung des Dampfkessels wird meist mit Pinienholz vorgenommen; nur die Filaturen in Metn verwenden die einheimische Kohle des Libanon, die Spinnereien Palluat in Kré, District Metn hingegen, welche allein 400 Spindeln besitzen, benützen englische Cardiff-Kohlen. Gesponnen wird mit 4—5 Cocons zugleich, je nach der Stärke der Seidenfaser, um den Normalfaden von 10—12 Deniers zu erzielen. Die Puppen werden zerstossen und der Saft mit dem Wasser in dem Siedbecken vermengt. Es wird behauptet, dass dies Verfahren dem Faden eine dauernde Elasticität und Fettigkeit verleiht. Sämmtliche so producirte Rohseide wird nach Marseille gesendet. Nach dem dortigen und dem Lyoneser Markte richten sich die hiesigen Preise, welche im Jahre 1871 im Minimum 80 und im Maximum 90 Frcs. per Kilogramm betrugen, im Jahre 1872 102—105 Frcs. Die Zahlungsmodalitäten sind die gleichen, wie bei den Cocons.

Die Kosten des Verspinnens betragen 70—80 Piaster per Okka. Ein gewöhnlicher Arbeiter erhält täglich 1 Frc., die Mädchen $1/2$—1 Frc.; ein Aufseher 40—60 Frcs.; der Oberaufseher 100—200 Frcs. monatlich. Die Filaturen im Gebirge verwenden zum grossen Theile die billigere weibliche Arbeitskraft, deren Verwendung in den Filaturen um Beirut von dem Clerus erschwert wird; die Zahl der Arbeitsstunden richtet sich nach der Jahreszeit, da die Arbeit stets mit Sonnenaufgang beginnt und mit Sonnenuntergang endigt. Arbeitspausen bestehen in nachfolgendem Ausmass:

Im Sommer: 3 Stunden nach Sonnenaufgang eine Rast von $1/2$ Stunde, Mittags eine Stunde, Nachmittags eine Stunde, im Winter fällt diese Nachmittagsrast weg. Die Arbeiter haben sich nach einem, den französischen Spinnereien entlehnten Arbeitsreglement zu richten, auf dessen Nichtbefolgung eine entsprechende Lohnentziehung und im Wiederholungsfalle die Dienstesentlassung als Strafe gesetzt ist. Die Arbeiter werden einzeln aufgenommen; in seltenen Fällen wirbt der Aufseher Arbeiter an, für deren Arbeitstüchtigkeit er einzustehen hat.

Die Transportkosten betragen unter normalen Verhältnissen 40 Frcs. per Kilogramm von Beirut bis Marseille mittelst der Messageries-Dampfer. Es muss jedoch an dieser Stelle bemerkt werden, dass der Tarifsatz, da die Messagerie mit der Concurrenz der Fraissinet-Dampfer zu kämpfen hat, je nach dem Stand der Nachfrage erhöht oder vermindert wird.

Der Ausfuhrzoll beträgt $2^{17}/_{100}$ Piaster Regierungscurs, i. e. ungefähr ein $1/_2$ Frc. per Okka.

Die Assecuranzprämie beträgt $1/_8 \%$ im Sommer, $1/_2 \%$ in der ungünstigen Jahreszeit von der Versicherungssumme.

Die Einschiffungsgebühr 1 Frc. per Ballen, die Emballage kostet 60—70 Piaster (12—14 Frcs.) per Ballen. Diese haben eine runde Form; die in Strähne gewundene Rohseide wird vorerst in starkes blaues Papier gewickelt, um welches weisse französische oder englische Leinwand geschlagen wird. Ueber diese kommt endlich eine grobe Sackleinwand, welche sorgfältig zusammengenäht und fest geschnürt wird. Ein Ballen Rohseide hat ein Bruttogewicht von 100 Kilogramm und repräsentirt demnach einen Werth von 8000 bis 9000 Frcs. Die Production im Jahre 1872 belief sich auf 100.000 Kilogramm im Werthe von 8—9 Millionen Frcs.

Die nennenswerthesten Spinnerei-Firmen sind:

Fortuné Portalis, Mourgue, Paluat, Asfar frères, Naum Huri, Jacub Tabet, Essad Melheme, Joseph Thyan, Sursock frères, Habib Nasr & Co.

b. Syrische Rohseide (*soie grège indigène*).

Während die für den Export bestimmte Rohseide ausschliesslich in den nach europäischem Muster eingerichteten Spinnereien versponnen wird, bedient man sich bei der für den syrischen Seidenmarkt bestimmten (soie indigène) der alten landesüblichen Spinnmethode. Die so gesponnene Seide hat keinen gleichmässigen Faden; derselbe ist bald stärker, bald schwächer und mit Knoten versehen. Es ist dies die Folge davon, dass zu der Production selten einfache Cocons, sondern sogenannte Doppelcocons (doublons) verwendet werden.

Ungefähr 150 Siedekessel werden für diese Spinnweise verwendet. Der Arbeiter spinnt nach seinem Ermessen und dem Gefühle der Hand, oft mit 15 Cocons zugleich. Durch Uebung und das Beispiel der französischen Spinnmethode erlangen auch die Arbeiter dieser Kategorie eine grössere Fertigkeit und erzeugen einen ziemlich gleichmässigen Faden. Die Zwirnung wird ebenso im Lande selbst auf eine sehr primitive Weise vorgenommen. Der Beiruter Platzpreis beträgt 250—350 Piaster per Okka. Hie und da werden einzelne Partien von Rohseide nach Aleppo, Damascus und Hama ausgeführt. Die Packung ist die gleiche wie bei der Rohseide No. a.

Diese Sorte Seide wird nur gegen Baarbezahlung verkauft. Die Production beträgt circa 5000 Okken jährlich.

Einige Bedeutung im Handel haben schliesslich:

Die Frisons, d. i. Seidenabfälle, die sich beim Abhaspeln des Cocons ergeben. Dieser Artikel geht ebenso wie die für den Export gesponnene Seide nach Frankreich. Der Umstand, dass es zunächst Franzosen waren, die die syrischen Seiden-Producenten in Verbindung mit den europäischen Märkten setzten, trug natürlich viel dazu bei, dass diese seitdem den Absatz ihrer Waare vorzüglich in Frankreich suchen, wo reichlich und bereitwillig gewährter Credit ihnen die Durchführung ihrer Handelsoperationen wesentlich erleichtert. Der Gesammt-Export von Frisons betrug im Jahre 1872 12.000 Kilogramm. Der Platzpreis in Beirut war 55—60 Piaster per Okka. Dieselben werden in Ballen im Gewichte von 100 Kilogramm gepresst. Der Zoll beträgt 12 Para gutes Geld per Okka. Der Transport bis Marseille 18 Francs. Assecuranz und Commission werden wie bei den Cocons und der Rohseide berechnet.

Auch im Vilajet von Aleppo und zwar vorzüglich in Antiochien und Umgebung wird die Seidenzucht betrieben; doch werden die Cocons (weisse und gelbe) daselbst fast ausschliesslich von den einheimischen Spinnereien und Webereien verwendet, so dass nichts davon auf die auswärtigen Märkte gelangt. Im Jahre 1871 belief sich die Production von gesponnener Seide im Vilajet von Aleppo auf 120 bis 130 Centner. Im Jahre 1872 wirkte das Erdbeben von

Antiochien sehr störend auf die Seidenzucht ein, so dass das Erträgniss sich nur auf 40—50 Centner belief. Der Durchschnittspreis der Rohseide in Aleppo ist 700—750 Piaster per Rotl, i. e. je 2 Okken. Im Jahre 1872 aber stieg der Preis wegen der Seltenheit der Waare um 100 Piaster per Rotl; ³/₄ des Productes werden durchschnittlich in Aleppo verarbeitet, der Rest nach Hama, Homs, Beirut und andern Städten Syriens ausgeführt.

In Cypern bildete bis vor wenigen Jahren die Seide sogar einen Haupt-Ausfuhrartikel, seitdem aber auch dort die Krankheit die Raupen ergriffen, sank die Productionsmenge von jährlichen 20.000 Okken Seide auf 2000 herab, welche von der inländischen Industrie verbraucht wird. Sie kostete im Jahre 1871 150—200 Piaster per Okka. Die jährliche Ernte an Cocons beläuft sich auf 40.000—50.000 Okken frischer Cocons, welche, nachdem sie getrocknet sind, sich auf ⅓ reduciren.

Der Export nach Frankreich findet mit Dampfern des österreichisch-ungarischen Lloyd über Alexandrien zu 32 Frcs. per 100 Kilogramm statt. Der Platzpreis für eine Okka frischer Cocons aus japanesischem Samen ist 20 Piaster per Okka, für eben dieselbe Quantität aus indigenem Samen 30 Piaster. Die Cocons werden in Ballen verpackt, aber nicht gepresst. Die Verladungs-, Verpackungs- und Commissionsspesen betragen 2%.

Seidenfabricate.

Eben so alt als die Seidenzucht ist die Seidenweberei in Syrien, und als Beweis, zu welch' grosser Entwickelung es dieselbe in diesen Landstrichen bereits in den Zeiten der Kreuzzüge gebracht hatte, mag eine Stelle aus der Reisebeschreibung des Mönches Brocardus dienen, der erzählt, dass er im Jahre 1283 in der Stadt Tripolis eine unglaublich grosse Menge von Seidenwebereien gefunden habe, die alljährlich eine sehr grosse Zahl seidener Gewebe anfertigen, die in alle Welt gingen. Mit dieser Herrlichkeit ist es jetzt vorüber, die Seidenwebereien Syriens arbeiten nicht mehr für den ausländischen Markt, sie verfertigen nur mehr Stoffe für den einheimischen Bedarf, und auch auf diesem Felde wird ihnen bereits durch die billigere Fabrication des Auslandes gefährliche Concurrenz gemacht. Nur die auf landesübliche Weise gesponnene Seide kann auf den syrischen Webstühlen verarbeitet werden; denn die feinere, nach europäischer Methode gesponnene, widersteht weder der Unvollkommenheit der Maschinen, noch der rohen Gebahrung der an feinere Arbeit wenig gewöhnten Arbeiter. Nichtsdestoweniger ist die locale Seiden-Industrie noch von einiger Bedeutung und ist nicht nur für den localen Verbrauch, sondern auch für die Märkte Egyptens und anderer Theile des türkischen Reiches thätig. Eine genaue Uebersicht dieser Industrie zu liefern, ist bei dem Mangel jeglicher Gewerbe-Statistik im türkischen Reiche nicht leicht thunlich, doch wollen wir wenigstens die Hauptfabricate dieser Gattung der Reihe nach besprechen, indem wir zugleich die gemischten Gewebe einbegreifen. — Im Vilajet von Syrien werden fabricirt:

a. *Surati*. Ganzseiden- und Halbseidenstoffe indischer Nachahmung. Productionsorte sind Beirut und Deir-el-Kamar. Der Stoff ist gestreift (roth, weiss, grün oder schwarz). Die Länge beträgt 10 Piks ($6^{80}/_{100}$ Meter), die Breite 0·5 Pik (34 Centimeter). Sie werden nach Egypten, Cypern und Constantinopel exportirt.

Platzpreise: Ganzseidene 80—150 Piaster,
halbseidene 35— 40   „

Die Zollgebühr beträgt 8% des Schätzungswerthes, die Waare wird selten assecurirt, ist dies der Fall, so beträgt die Assecuranzprämie per Dampfer $^1/_3$, $^1/_2$ bis $^3/_4$% des Versicherungswerthes.

Die Suratis werden entweder auf Bestellung geliefert, oder in Commission gegeben, im Detail-Verkauf stets per Cassa hintangegeben. Die Commissions-Gebühr beträgt 5 Piaster per Stück. Die Fabricanten sind zugleich die Verkäufer am Platze. Je 2 Stück werden in starkes Papier eingeschlagen und in einem Ballen, in der Weise wie Rohseide, die feinste Gattung aber in Kisten emballirt.

Die Einschiffungs-Gebühr beträgt per Ballen oder Kiste 1 Franc.

In Beirut zählt man 450 Webstühle für Surati, in Deirel-Kamar 120, in Zûk 50, von welchen jedoch nur 25 in

Thätigkeit sind, im Ganzen somit 620 Webstühle, welche im Jahre 161.200 Stück Surati produciren.

Diese Industrie, sowie die der Keffieh, Gürtel, Stickereien und Posamentierarbeiten ist in Beirut ganz neu, sie datirt erst vom Jahre 1860, wo in Folge der traurigen Christenmorde in Deir-el-Kamar die meisten der dortigen Seiden-Fabricanten sich nach Beirut flüchteten. Erst nachdem die Ruhe im Gebirge wieder hergestellt war, kehrten einige wenige nach Deir-el-Kamar zurück.

Die Exportmenge beträgt in allen Gattungen zusammengenommen 122.000 Stück im Werthe von 9,360.000 Piastern.

b. *Keffiehs.* Dies sind ganzseidene und halbseidene Tücher in der Länge und Breite eines Meters. Sie dienen als Kopftücher und werden in der rauhen Jahreszeit als Cachenez benutzt. Diese Stoffe sind durchgehends gestreift, und zwar meist roth und weiss, blau und weiss, blau weiss grün, roth. Die feinsten Sorten sind mit Gold- und Silberfäden durchzogen.

Ganzseidene Keffiehs werden erzeugt in Beirut, Deir-el-Kamar, halbseidene, mit Baumwolle untermengte in Homs, Hama und Damascus.

Die Platzpreise in Beirut sind folgende:
Ganzseidene einfache Keffiehs . . . . . 40 bis 60 Piaster,
„ mit Goldfäden durchwebte 100 „ 115 „
halbseidene . . . . 30 „ 45 „
　　　das Stück.

Die Ausfuhr geht nach Egypten, Constantinopel und Smyrna. Jede Keffieh kommt in einen Sack aus Papier; eine entsprechende Menge derselben, 100—150 Stück, in eine Kiste. Die Zahlungs-Modalitäten, Spesen etc. sind dieselben wie bei den Suratis.

Die Keffieh-Fabrication beschäftigt in Beirut 80, in Deir-el-Kamar 20 Webstühle; die Waare wird von den Fabricanten nur gegen Baarbezahlung hintangegeben. Die Productionsmenge beläuft sich auf 36.400 Stück im Werthe von 2,548.000 Piastern; ausgeführt werden 24.267 Stück.

Gürtel von Deir-el-Kamar und Beirut. Sie sind ganz seiden, aus der stärksten Doublon-Seide, schwarz weiss, gelb und grün gestreift und carrirt; die Länge beträgt 2½ bis 3 Piks (1·70—2·04 Meter). Die Gürtel werden nach dem

Gewicht verkauft, und zwar kostet das Dramm 1—1½ Piaster; das Stück kommt im Allgemeinen auf 90—150 Piaster zu stehen, die mit Gummi gesteiften sind billiger.

Die Ausfuhr nimmt ihre Richtung nach Alexandrien, Smyrna, Griechenland, Salonich und Constantinopel. Auch diese Waare wird auf Baarbezahlung hintangegeben.

Die Emballage, dann die Transport-, Mauth-, Assecuranz- und Einschiffungs-Kosten verhalten sich wie bei den Suratis.

Die Gürtel-Production beschäftigt in Deir-el-Kamar und Beirut 120 Webstühle, die 1871 18.720 Stück im Werthe von 2,246.400 Piastern erzeugten, von welchen 4680 Stück im Werthe von 561.600 Piastern ins Ausland gingen.

Seit 4 bis 5 Jahren werden die alten einheimischen Farbstoffe, welche sich, obgleich von geringerem Glanze, durch um so grössere Dauerhaftigkeit auszeichneten, von den importirten Anilin-Farben verdrängt.

Aba's (Syrische Mäntel). Das industrielle Dorf Zûk im Libanon producirt deren eine grosse Anzahl, und zwar in ganz Seide, von Seide und Baumwolle, Wolle, Wolle und Baumwolle, Seide und Goldfaden.

Die Preise richten sich nach der grösseren oder geringeren Menge der Seide und Baumwolle.

Ganzseidene Abas kosten 100 Francs das Stück,

halbseidene (mit Baumwolle gemengte) 25—30 und 60 Frcs.,

mit Goldfaden durchwirkte bis 200 Francs,

wollene 80 Francs,

halbwollene 30—35 Francs.

Die Abas werden theils auf Bestellung, theils für den Markt geliefert. Die Zahlungs-Modalitäten sind die gleichen wie bei den übrigen syrischen Seidengeweben. Es muss bezüglich dieser bemerkt werden, dass die dabei verwendeten Baumwollgarne aus England (Manchester) importirt werden.

Die Productionsmenge beträgt jährlich 4160 Stück im Werthe von 2,080.000 Piastern. Die Hälfte davon wird im Lande verbraucht, die andere nach Antiochien und Aleppo ausgeführt.

Möbel-Stoffe von Zûk, in Seide, Wolle und Baumwolle. Der Preis des einzelnen Stückes beträgt per Pik 8—20 Frcs.

für ganzseidene, 6—15 Francs für ganzwollene, 4½ bis 8 Piaster für baumwollene Stoffe. Die halbseidenen und halbwollenen sind um 1 Franc billiger.

Die Stoffe haben eine Länge von 12 Piks und eine Breite von ¾ bis 1 Pik; die Productions-Menge beträgt 2500 Stück im Werthe von 1,250.000 Piastern; die Hälfte hiervon wird nach Aleppo und Antiochien exportirt.

Tabak-Beutel, und zwar ganzseidene, mit Goldfäden durchwirkte und mit Baumwolle gemengte. Die Preise sind je nach der Qualität 3—8 Francs.

Die Productions-Menge beträgt 20.000 Stück jährlich im Werthe von circa 500.000 Piastern, von welchen ein kleiner Theil im Lande selbst verbraucht, der weitaus grössere jedoch von den zahlreichen Reisenden in Syrien angekauft wird. Der Productions-Bezirk derselben ist Zûk.

Pantoffel. Erzeugungsort: Beirut und Zûk.

Die Preise sind 18—40 Piaster das Paar, je nachdem sie ganzseiden, halbseiden oder goldgestickt sind. Die Production beträgt 15.000 Stück im Werthe von 375.000 Piastern.

Kissen. Erzeugungsort: Beirut und Zûk.

Die Preise betragen 23—65 Piaster, reich gestickte bis 150 Piaster per Stück. Das Productions-Quantum dieser Stoffe, die ebenfalls ganzseiden, oder gemengt mit Wolle und Baumwolle sind, beträgt 4000—4500 Stück im Werthe von 160.000—180.000 Piaster.

Noch mehr im Schwunge ist die Seidenweberei in Damascus, in welcher Stadt noch in den ersten Jahrzehnten dieses Jahrhunderts über 4000 Webstühle mit der Anfertigung der im ganzen Oriente so beliebten Seidenstoffe beschäftigt waren. Gegenwärtig ist diese Zahl um mehr als die Hälfte vermindert. Man fabricirt daselbst:

a. Die *Aladscha*. Diese Stoffe haben den Aufzug in Baumwolle und den Einschlag in Seide; sie sind mehr oder weniger breit gestreift in verschiedenen, ohne bestimmte Reihenfolge gemischten Farben, so dass sie manchmal auch zu europäischen Frauenkleidern verwendet werden können. Die einzelnen Stücke sind 47—48 Centimeter breit und haben eine Länge von 6¾ bis 7½ Meter; die jährliche Production beläuft sich auf 100.000 bis 150.000 Stück, wovon 20.000 nach Bagdad und eben so viele nach Constantinopel exportirt werden. Der Platzpreis beträgt je nach der Qualität 110 bis 180 Piaster. Die Transport-Kosten per Kantar à 200 Okken belaufen sich von Damascus bis Beirut auf 75—85 Piaster, die Douane erhebt 1%, die Commissionsspesen betragen 2½ bis 3%.

Seit einigen Jahren beschäftigen sich Schweizer Fabriken mit der Nachahmung dieser Stoffe, ebenso wie der früher genannten Keffiehs und Gürtel, und finden damit wegen der Billigkeit ihrer Waare nicht unbedeutenden Absatz.

b. *Kotni*, ebenfalls ein Halbseiden-Fabricat in den verschiedensten Farben und Zeichnungen, das vorzüglich als Ueberzug der orientalischen Divane, sowie anderer Zimmermöbel benutzt wird. Die jährliche Fabrication beläuft sich auf 100.000 Stück, jedes einzelne in einer Länge von 8½ bis 9 Meter mit dem Platzpreise von 90—120 Piastern.

Ausserdem erzeugt Damascus seidene und halbseidene, sowie auch durchwirkte Keffiehs in der Gesammtmenge von 12.500 Stück jährlich, seidene Gürtel circa 5000 Stück, 200 bis 250 Stück seidener Shawls, 5000 Stück eines sehr dünnen Seidenstoffes, *Melâs* genannt, der zu Frauenhemden verwendet wird, circa 500 seidene Mäntel (Aba), welche von den Chefs der Drusen-Familien und Beduinen-Stämme als Staatskleid benutzt werden und manchmal reich mit Gold und Silber verziert sind u. s. w.

Alle diese Industrien, von den Schwierigkeiten bedrängt, welchen die Handarbeit überall dort begegnet, wo die Erzeugnisse der Maschinen-Fabrication Eingang gefunden haben, gehen einem raschen Verfalle entgegen und verdienen nur mehr wegen des auf antikem Kunstsinn beruhenden Geschmackes in Farbenmischung und Zeichnung Beachtung.

Wir sind hiermit am Ende unserer Darstellung der Production und des Exports Syriens angelangt, in so weit sie für den Welthandel von Wichtigkeit sind, denn was im Bereiche der übrigen Gruppen des Ausstellungs-Programmes von der Gewerbsthätigkeit syrischer Städte allenfalls noch geleistet wird, hat eine rein locale Bedeutung, erscheint nur in wenigen Exemplaren auf auswärtigen Märkten und kann deshalb in dem Rahmen unserer Arbeit einen Platz nicht beanspruchen. Besondere Erwähnung verdienen nur die Filigran-Goldarbeiten in Beirut, die in grösserer Menge auf dem Markte von Alexandrien und Paris Absatz finden. Die sonstigen Erzeugnisse der Gold- und Silberschmiede in Beirut, Damascus und Aleppo, die eingelegten Möbel, ciselirten Waffen, die daselbst von einzelnen kunstfertigen Meistern noch angefertigt werden, mögen für den Kunstkenner allerdings noch von Interesse sein, für den Handelsmann und Industriellen sind sie bedeutungslos.

Syriens Einfuhr.

Wir hätten gewünscht, die verschiedenen Classen der nach Syrien eingeführten Waaren in derselben eingehenden Weise behandeln zu können, die wir bei Besprechung der Ausfuhr eingehalten haben. Leider standen uns die dazu nöthigen Daten nicht zu Gebote und alle Mühe, sie zu sammeln, führte zu keinem den Welthandel interessirenden Resultate: denn die Register der Mauth geben wohl Aufschluss über die Haupt-Kategorien des Importes, für Specialisirung derselben aber bieten sie keinen genügenden Anhaltspunkt. Die hiesigen Kaufleute aber lieben es nicht, Auskünfte über ihre Geschäfts-Ausdehnung zu geben, weil sie dadurch ihnen unliebsame Concurrenz zu ermuntern fürchten.

In grossen Zügen stellt sich der Einfuhrhandel von Syrien, sowie der Transit zwischen Beirut und Damascus in den im Anhange angeschlossenen Tabellen dar, auf die wir hiermit verweisen.

Communicationsmittel zu Wasser und zu Lande.

Nicht mehr als zwei Decennien sind verflossen, seit die Dampfer des österreichischen Lloyd durch regelmässige Fahrten Syrien mit dem europäischen Markte in Verbindung brachten. Andere Transport-Gesellschaften folgten dem ermuthigenden Beispiele des Lloyd, und seitdem welcher Umschwung in den Handelsverhältnissen dieses Landes, welch' rasches Aufblühen der an der syrischen Küste gelegenen Seestädte! Während früher lange Zeit hindurch Cypern als Handelsniederlage zwischen Syrien und Europa diente, später Constantinopel und Smyrna den Waarenaustausch für diese Gegenden vermittelten, gewann nunmehr Beirut an der Spitze der übrigen syrischen Handelsstädte immer grössere Selbstständigkeit; europäische Fabricate und Handelsfirmen errichteten Filialen daselbst, bis endlich auch arabische Kaufleute selbst sich ausserhalb die Grenze ihres Vaterlandes wagten, die Haupt-Handelsplätze und Fabrikstädte Europa's bereisten und directe Geschäfts-Verbindungen mit denselben anknüpften.

Gegenwärtig unterhalten drei Dampfschifffahrts-Gesellschaften regelmässige Fahrten an der syrischen Küste, nämlich der österreichisch-ungarische Lloyd mit vier Fahrten monatlich, wovon zwei mit der Linie Alexandrien-Triest und zwei mit jener von Smyrna-Triest in Verbindung stehen. Leider ist der Anschluss in Alexandrien in den seltensten Fällen ein directer, sondern erleiden Passagiere und Waaren, die aus Syrien kommen, einen Aufenthalt von mehreren Tagen, bevor sie die Fahrt nach Triest weiter fortsetzen können. Ausser Beirut besuchen die österreichisch-ungarischen Dampfer noch Larnaca, Caifa und Jaffa auf ihrer syrischen Tour. Die französischen Messageries maritimes, sowie die russische Dampfschifffahrts-Gesellschaft unterhalten dieselbe Anzahl von Fahrten nach Syrien, doch besuchen ihre Dampfer ausser Beirut noch Mersina, Alexandrette, Lattakia, Tripolis und Jaffa, die russischen ausserdem noch St. Jean d'Acre, sowie in jüngster Zeit probeweise auch Saida an der syrischen Küste.

Sowohl die französischen als die russischen Dampfer bieten den grossen Vortheil einer directen Verbindung mit den nationalen Häfen, d. i. mit Marseille und Odessa.

Die egyptische Azizié-Gesellschaft hat ihre periodischen Fahrten nach den syrischen Häfen im Februar 1872 eingestellt. Hingegen laufen englische Handels-Dampfer, zwar nicht regelmässig, sondern nach Bedürfniss des Waarenaustausches zwischen England und den syrischen Märkten Beirut, Alexandrette und noch einige andere Echellen dieser Provinz an.

Die im Anhange beigeschlossenen Tabellen geben eine Uebersicht des Segel- und Dampfschiffverkehrs in Beirut während der Jahre 1864 bis inclusive 1871, sowie während 1870 und 1871 in Larnaca, Mersina und Alexandrette.

Die Anzahl der in Beirut einlaufenden englischen Dampfer hat sich seit dem Jahre 1866 constant vermindert, denn während sie damals 120 mit 94.546 Tonnengehalt betrug, liefen im Jahre 1871 in Beirut nur mehr 33 englische Dampfer mit 20.020 Tonnengehalt ein. Es ist dies eine Folge der Herabsetzung des Tarifs Seitens der regelmässige Fahrten nach Syrien unterhaltenden Dampfschifffahrts-Gesellschaften. Ein grosser Theil der für Syrien bestimmten englischen Waaren wird jetzt durch englische Dampfer direct von Liverpool nach Alexandrien gebracht und hier auf französische, in neuester Zeit auch auf Lloyddampfer überladen.

Die französische Flagge hat durch den französischen Krieg im Jahre 1871 und durch die während desselben eingetretene Subventionsentziehung der Messageries maritimes eine schwere Einbusse erlitten. Die Tonnenanzahl ging deshalb von 1870 auf 1871 von 96.539 auf 43.012 Tons, also um mehr als die Hälfte zurück; doch ist dieser Rückschritt als ein vorübergehender zu betrachten, da im Jahre 1872 bereits wieder eine entschiedene Besserung bemerkbar wurde. Was England und Frankreich einbüssten, kam Oesterreich-Ungarn zu Gute. Heute ist der österreichisch-ungarische Lloyd, sowohl was die Anzahl der Dampfer, als die Tragfähigkeit derselben betrifft, allen andern Dampfschifffahrts-Gesellschaften in Syrien voraus. Bei der Segelschifffahrt weist die ottomanische Flagge die absolut grösste Anzahl Schiffe und die relativ geringste Tonnenmenge aus; die ottomanischen Fahrzeuge vermitteln den Cabotage-Dienst an der syrischen Küste zwischen den einzelnen Hafenplätzen Syriens und den Häfen der Insel Cypern. Von Bedeutung ist der italienische Schiffsverkehr zwischen Genua, Livorno und den syrischen Echellen Beirut und St. Jean d'Acre. Die italienischen Fahrzeuge importiren piemontesischen Reis und toscanischen Marmor und exportiren Cerealien, Baumwolle etc. in ihre Heimath. Die amerikanischen Segler importiren Petroleum und nehmen als Rückfracht Schafwolle und Hadern.

Die österreichisch-ungarischen Segler begeben sich, wenn sie in Alexandrien keine Fracht finden können, nach Beirut und werden auf Ordre nach Tripolis, Larnaca und Alexandrette geschickt, um ihre Ladung von Baumwolle und Wolle zu vervollständigen. Nur äusserst selten verkehren sie von Beirut aus mit Oesterreich-Ungarn. Ihre Richtung ist Nord-Amerika mit Schafwolle und Marseille mit Baumwolle, Alizzari etc.

Bezüglich der Frachten der Segelschiffe ist folgendes zu bemerken: Die Fracht nach Havre, Marseille, Livorno, Genua beträgt per 100 Kilogramm 6—7 Frcs.; nach Amerika, insbesonders New-York und Boston, werden ganze Schiffe gegen eine Pauschalsumme gechartert. Die Frachten mit ottomanischen Fahrzeugen sind sehr verschieden, meist sehr niedrig, da diese nicht assecurirt sind.

Die Frachtpreise von Triest nach Beirut betragen auf den Dampfern des österreichisch-ungarischen Lloyd nach dem neuesten Tarif für je 100 Zollpfund, i. e. 50 Kilo, von fl. 0·76 bis 4 fl. Die Assecuranzprämie bei derselben Gesellschaft beträgt im Sommer 38, im Winter 50%.

Die Fracht mittelst Dampfer der französischen Messageries maritimes beträgt für je 100 Kilogramm 30—40 Frcs. Die Assecuranzprämie beläuft sich auf 30 bis 50%.

In Beirut sind ferner die North British and Mercantile Insurance Company, sowie British and Oriental Steam

Transit Insurance Cie. durch einen Agenten H. James Nixon vertreten.

Als Schiffsmäkler verdienen erwähnt zu werden: Habib Dendel für österreichisch-ungarische, französische und italienische Segler, Tatarachi für amerikanische und englische Segler, N. Nixon für englische Dampfer, A. Sayur für die egyptischen Dampfer. Die Mäklergebühr beträgt bei Ankunft des Segelschiffes 2°/₀ des Nolo für das Incasso desselben und 2°/₀ des Nolo bei Abfahrt des Fahrzeuges für die Vermittlung der Fracht.

Die Gebühren, welche die Handelsschiffe zu entrichten haben, sind: a) Die Consulatsgebühren; b) die Leuchtthurmgebühren; c) die Sanitätsgebühren. Da die dafür bestehenden Tarife im ganzen Umfange des ottomanischen Reiches die gleichen sind, ist es überflüssig hier näher auf sie einzugehen.

In Beirut zahlt ausserdem jedes Segelschiff an das ottomanische Hafenamt 5 Piaster Tarifgeld. Hafenordnungen sind in den syrischen Häfen nicht vorhanden. Jedes Schiff ankert an dem Orte, wo es ihm gefällt und kann nach seinem Belieben an welchem Orte immer den überflüssigen Ballast entleeren.

Ausser seiner Rhede besitzt Beirut zwei Buchten, in welchen sich bei Sturm grössere Segelschiffe bergen, nämlich die St. Georg's Bucht im Norden und die Bucht von Râs-Beirut im Süden. Auf der Rhede selbst ist während der egyptischen Herrschaft in den Dreissiger Jahren eine jetée angelegt worden, die den damaligen Bedürfnissen entsprach, jedoch bei der heutigen Entwickelung des Schifffahrtsverkehrs nur mehr für die Cabotage hinreicht.

Der Umstand, dass die bei Westwind hochfluthende See ihre Wogen bis in die Magazine des Zollhauses warf, bestimmte die Regierung über Anregung der fremden Handelshäuser endlich ein Bassin zu bauen, in welchem die Lichterboote die Waare unmittelbar am Zollhause ein- und ausladen. Die Lichterboote sind in Beirut und an der ganzen syrischen Küste lang und schmal mit scharfem Kiel und haben eine Tragfähigkeit von 5—6 Gewichtstonnen.

In Beirut befindet sich die Haupt-Agentie der Leuchtthürme für Syrien, Cypern und Caramanien, welcher in Cypern die Agentien von Larnaca und Limassol, in Caramanien jene von Mersina, Karadasch und Alexandrette, in Syrien jene von Lattakia, Tripolis, Sur, St. Jean d'Acre, Caifa und Jaffa unterstehen.

Leuchtthürme und Feuer bestehen auf Cypern:

Bei *Larnaca* am Ende der Stadt, circa 150 Meter von dem Quarantaine-Amt entfernt:

Ein rothes Feuer.
>Nördl. Breite 34° 55' 00",
>Oestl. Länge 33° 39' 00" Greenwich,
>„   „   31° 18' 45" Paris;
>Elevation des Feuers über dem Meeresspiegel 14 Meter,
>Lichtweite 5 Seemeilen.

Punta Kitti. Auf der Landspitze von Kitti, ungefähr 80 Meter von ihrem Ende und circa 6 Meilen südwestlich von Larnaca entfernt:

Ein weisses Feuer.
>Nördl. Breite 34° 48' 00",
>Oestl. Länge 33° 37' 00" Greenwich,
>„   „   31° 16' 45" Paris;
>Seehöhe des Feuers 28 Meter,
>Lichtweite „   „   8 Meilen.

Cap Gatta. Auf dem Gipfel und dem südwestlichen Theile des Caps Gatta signalisirt den Ankerplatz auf der Rhede von Limassol:

Ein Leuchtthurm mit fixem Licht und Blitzen von 2 zu 2 Minuten.
>Nördl. Breite 34° 33' 45",
>Oestl. Länge 33° 02' 30" Greenwich,
>„   „   30° 42' 15" Paris;
>Seehöhe des Leuchtthurms 58 Meter,
>Lichtweite „   „   15 Seemeilen.

Caramanien und Syrien.

Landspitze von *Bagasse* (*Pointe ou langue de Bagasse, Low Sandy Point*):

Zwei weisse Feuer übereinander.
>Nördl. Breite 36° 14' 30",

Oestl. Länge 34° 01' 50" Greenwich,
„ „ 31° 41' 35" Paris;
Seehöhe 15 Meter,
Lichtweite 8 Seemeilen.

Mersina. Am Strande, links bei der Einfahrt auf den Ankerplatz, eine halbe Seemeile südwestlich von der Stadt:
Ein Leuchtthurm mit fixem Licht und Blitzen von 2 zu 2 Minuten.
Nördl. Breite 36° 45' 50",
Oestl. Länge 34° 40' 45" Greenwich,
„ „ 32° 20' 30" Paris;
Seehöhe des Leuchtthurms 16 Meter,
Lichtweite „ „ 14 Seemeilen.

Landspitze von Karadasch oder Malo. Auf der Landspitze von Karadasch:
Ein weisses Feuer.
Nördl. Breite 36° 32' 40",
Oestl. Länge 35° 21' 26" Greenwich,
„ „ 33° 01' 11" Paris;
Seehöhe 40 Meter,
Lichtweite 8 Seemeilen.

Alexandrette. Auf der Landspitze westlich von Alexandrette, ungefähr 20 Meter von ihrem Ende entfernt:
Zwei weisse Feuer übereinander.
Nördl. Breite 36° 35' 30",
Oestl. Länge 36° 10' 20" Greenwich,
„ „ 33° 50' 05" Paris;
Seehöhe des oberen Feuers 15 Meter,
Lichtweite 8 Seemeilen.

Landspitze Râs-Ebn-Hani. Auf der Landspitze Râs-Ebn-Hani, 5 Meilen nordwestlich von Lattakia, und 60 Meter von dem Ende der Landspitze entfernt:
Ein Leuchtthurm mit drehendem Lichte von Minute zu Minute.
Nördl. Breite 35° 35' 00",
Oestl. Länge 35° 43' 40" Greenwich,
„ „ 33° 23' 25" Paris;
Seehöhe 14 Meter,
Lichtweite 13 Seemeilen.

Lattakia. Nördlich vom alten Schloss, links von der Einfahrt und an der Stelle des früheren Fanals:
Ein rothes Feuer.
    Nördl. Breite 35° 30' 30",
    Oestl. Länge 35° 46' 30" Greenwich,
       „   „   33° 26' 15" Paris;
    Seehöhe 15 Meter,
    Lichtweite 5 Seemeilen.

Tripolis. Auf der höchsten Spitze der Insel Bluff (arabisch Er-ramhin), am äussersten Ende der Felsbänke der Bucht von Tripolis:
Ein rothes Feuer.
    Nördl. Breite 34° 29' 25",
    Oestl. Länge 35° 44' 20" Greenwich,
       „   „   33° 24' 05" Paris;
    Seehöhe des Feuers 17 Meter,
    Lichtweite „   „   5 Seemeilen.

Cap von Beirut. Auf dem Gipfel der Landzunge (arabisch Râs-Beirut), ungefähr 400 Meter von ihrem Ende entfernt:
Ein Leuchtthurm mit von Minute zu Minute sich drehendem Lichte.
    Nördl. Breite 33° 54' 10",
    Oestl. Länge 35° 28' 25" Greenwich,
       „   „   33° 08' 10" Paris;
    Seehöhe 38 Meter,
    Lichtweite 13 Seemeilen.

Hafen von Beirut. Auf dem verfallenen Schloss bei dem Zollamte:
Ein rothes Feuer.
    Nördl. Breite 33° 54' 10",
    Oestl. Länge 35° 30' 35" Greenwich,
       „   „   33° 10' 20" Paris;
    Seehöhe 18 Meter,
    Lichtweite 5 Seemeilen.

Saida. Im Süden der Insel von Saida, vor der Einfahrt in den alten Hafen der Stadt Saida, in einer Entfernung von 200 Metern vor derselben:
Zwei rothe Feuer übereinander.
    Nördl. Breite 33° 34' 15",

Oestl. Länge 35° 24′ 40″ Greenwich,
„ „ 33° 04′ 25″ Paris;
Seehöhe des oberen Feuers 19 Meter,
Lichtweite 5 Seemeilen.

Sur (Tyrus). Auf der westlichen Landspitze der Stadt Sur, auf einer ehemaligen Batterie am Meeresufer:
Zwei weisse, übereinander gestellte Feuer.
Nördl. Breite 33° 17′ 00″,
Oestl. Länge 35° 14′ 50″ Greenwich,
„ „ 32° 54′ 35″ Paris;
Seehöhe des oberen Feuers 17 Meter,
Lichtweite 8 Meilen.

St. Jean d'Acre. Auf dem Walle westlich von der Stadt St. Jean d'Acre, 40 Meter von der Landspitze entfernt:
Ein Leuchtthurm mit fixem, rothem Lichte.
Nördl. Breite 32° 54′ 35″,
Oestl. Länge 35° 08′ 00″ Greenwich,
„ „ 32° 47′ 45″ Paris;
Seehöhe 14 Meter,
Lichtweite 10 Seemeilen.

Caifa. Auf der Festung, rechts vom Sanitäts-Amte:
Zwei weisse übereinander gestellte Feuer.
Nördl. Breite 32° 47′ 40″,
Oestl. Länge 35° 05′ 00″ Greenwich,
„ „ 32° 44′ 45″ Paris;
Seehöhe des oberen Feuers 20 Meter,
Lichtweite 8 Meilen.

Karmel. Auf der Terrasse des alten Schlosses unter dem Karmel-Kloster:
Ein Leuchtthurm mit fixem Licht und Blitzen von 2 zu 2 Minuten.
Nördl. Breite 32° 48′ 00″,
Oestl. Länge 35° 02′ 00″ Greenwich,
„ „ 32° 41′ 45″ Paris;
Seehöhe ungefähr 200 Meter,
Lichtweite 18 Seemeilen.

Beirut ist auch der Sitz des leitenden Quarantaine-Amtes für alle an der syrischen Küste befindlichen Sanitäts-Anstalten; ausserdem bestehen noch Quarantaine-Aemter in Damascus und Aleppo.

Leider entspricht den entwickelten Verbindungen Syriens mit dem Auslande zur See der Zustand der Communicationsmittel im Innern in keiner Weise. Wir haben in der Einleitung bereits die Hauptrichtungen angedeutet, in welchen sich der Handel und Verkehr nach den Hinterländern bewegt und Aleppo und Damascus als die Stapelplätze des Transitverkehres zwischen den vom Euphrat und Tigris durchflossenen Districten bezeichnet.

Mit dem Jahre 1862 besteht zwischen Beirut und Damascus eine von einer privilegirten Actien-Gesellschaft, deren Leiter sowie Haupt-Actionäre Franzosen sind und welche in Paris ihren Sitz hat, erbaute Fahrstrasse. Diese Gesellschaft vermittelt mit ihren Wagen den Personen- und Waarenverkehr zwischen den beiden Städten und erhebt einen Wegzoll von allen ihr nicht gehörigen Lastthieren, welche die Strasse passiren. Im Jahre 1872 beförderte sie im Ganzen auf den Hin- und Retourfahrten 10,129.585 Okken Waaren und 11.685 Reisende.

Man kann annehmen, dass circa 20% der Gesammt-Waarenbewegung zwischen Damascus und Beirut noch auf Rechnung der Karawanen zu setzen sind. Sowohl mittelst der Karren der Actien-Gesellschaft, als auch mittelst der Karawanen brauchen die Waaren durchschnittlich 3 Tage zur Reise zwischen Damascus und Beirut, und der mittlere Transportpreis beträgt 70—80 Piaster per Centner. Von Damascus führt eine Karawanenstrasse durch die syrische Wüste über Palmira und Hille nach Bagdad.

Auf schnellem Dromedar kann diese Strecke in 11 bis 12 Tagen zurückgelegt werden, wie dies der englische Courier zu thun gewohnt ist, der alle 14 Tage mit Depeschen der Regierung und Briefen der Kaufleute zwischen Damascus und Bagdad verkehrt; Karawanen verbringen 4—6 Wochen auf dieser Strecke und unternehmen diese Reise nur in ansehnlicher Stärke und unter dem Schutze eines der in der Wüste herrschenden Beduinenstämme, die, wenn sie nicht mit gewohntem Tribute abgefunden werden, durch räuberischen Ueberfall ihre Rechte als die thatsächlichen Herren der Wüste geltend machen. Zu wiederholten Malen musste deshalb diese kürzeste Handelsstrasse zwischen Bagdad und Damascus ganz verlassen werden, und nur wenn ein kräftiger

Gouverneur in einer der beiden Städte dem Uebermuthe der braunen Wüstensöhne Zügel anlegt, kann man regelmässige Waarenzüge diesen ältesten aller syrischen Karawanenwege einschlagen sehen.

Im Laufe des Jahres kommen jetzt durchschnittlich fünf bis sechs Karawanen mit je 200—500 Kameel-Lasten à $3\frac{1}{2}$ Centner gerechnet, von Bagdad in Damascus an.

Sie bringen Tömbeki aus Isfahan, Wolle, wollene Mäntel (Aba), Kopftücher, Teppiche, wollene Strümpfe, persische Seide, Indigo, Saflor etc.

Von Damascus nach Bagdad gehen jährlich nicht mehr als 800 Kameel-Lasten à $3\frac{1}{2}$ Centner; sie enthalten Tücher, Fesse, Baumwoll- und Woll-Manufacturen, Zinn, Petroleum, Papier, Droguen etc. Die von Europa kommenden Waaren ziehen der grösseren Sicherheit der Strassen halber den weiten Umweg über Alexandrette und Aleppo vor.

Vor 6 Jahren begann die türkische Regierung den Bau einer Fahrstrasse zwischen Alexandrette und Aleppo, das Werk blieb aber unvollendet und die Karawanenzüge durchziehen nach wie vor auf ungebahnten Pfaden die Ebene von Antiochien nach Aleppo.

Von Aleppo führt weiters eine Karawanenstrasse nach Damascus, eine andere durch die Wüste über Deir nach Bagdad und eine dritte über Biredschik, Orfa, Diarbekir nach Mossul. Die Frachtpreise zwischen Alexandrette und Aleppo sinken und steigen je nach der Jahreszeit von 60—200 Piaster per je 5 Centner; die Frachten zwischen Aleppo und Bagdad für je 5 Centner schwanken zwischen 150 und 300 Piaster, die von Aleppo nach Damascus zwischen 120—180 Piaster.

Die Anzahl der Thiere, welche auf diesen verschiedenen Karawanenwegen beschäftigt sind, beläuft sich:

a) auf der Strecke zwischen Alexandrette und Aleppo auf 800 Maulthiere und 300 Pferde, welche die Reise im Anschlusse an die französischen und russischen Dampfer zweimal wöchentlich zurücklegen und auf 2000 Kameele, die eine zweimalige Verbindung im Monate erhalten;

b) auf der Strecke zwischen Aleppo und Bagdad, und Aleppo und Mossul ist die Anzahl der verkehrenden Lastthiere ungefähr um $20^0/_0$ höher. Seit der Eröffnung des Suez-Canales hat der syrische Transithandel in so ferne eine beträchtliche Einbusse erlitten, als ein grosser Theil der von England nach Bagdad und über Bagdad nach Persien importirten Artikel nun direct von England zu Schiffe durch den Canal über Basra nach Bagdad befördert wird; indem englische Dampfer auf ihrer Fahrt nach Bombay Basra berühren und von Basra nach Bagdad sodann die Waaren mittelst eigener türkischer Dampfer befördert werden. Um Aleppo und Damascus ihre Bedeutung im Welthandel zu erhalten, und zu verhindern, dass Mesopotamien, das Land zwischen Tigris und Euphrat, einst die Heimat einer weit vorgeschrittenen Cultur, deren verschüttete Denkmäler eifrige Forschung jetzt wieder aufzudecken bemüht ist, dem Verfall und der Verödung preisgegeben bleibe, ist es unerlässlich, dass die so lange vernachlässigten Verbindungen mit Anatolien sowohl, als mit den syrischen Häfen in einer den Anforderungen modernen Verkehres entsprechenden Weise wieder hergestellt werden.

Längere Zeit bestand der Plan der Schiffbarmachung des Euphrat. Die vor ungefähr 30 Jahren vom General Chesney und in neuerer Zeit von Midhat Pascha in dieser Richtung angestellten Versuche führten zu keinem günstigen Resultate. Gefährliche Stromschnellen und stellenweises Austreten und Verflachen des Flusses machen die regelmässige Schifffahrt bei dem gegenwärtigen Zustande des Strombettes unmöglich und eine Regulirung des letzteren wäre mit Kosten verbunden, zu deren Bedeckung es an den nöthigen Mitteln fehlt.

Man hat daher in neuerer Zeit das Project des Baues einer Eisenbahn von einem Punkte im Norden der syrischen Küste über Aleppo oder Damascus nach Bagdad als leichter ausführbar erklärt, und im gegenwärtigen Augenblicke sind Ingenieure von der türkischen Regierung beauftragt, Studien über die geeignetste Trace anzustellen.

Competente Personen geben der Linie von Alexandrette nach Aleppo und von Aleppo über Aintab, Biredschik, Harran, Râs-el-Ayn, Nisibin, Peysch-Kabur und Mossul nach Bagdad vor jeder anderen kürzeren, die syrische Wüste direct durchschneidenden Trace den Vorzug, indem sie auf die reichen Hülfsquellen hindeuten, welche im fruchtbaren Orontes- und

Euphrat- und Tigris-Thale durch eine so grossartige Schienenstrasse dem Verkehre eröffnet werden.

Leider scheint die Verwirklichung dieser Idee noch nicht unmittelbar nahe; denn der kühne Gedanke bedarf der kühnen entschlossenen Hand, um zur That zu werden, und die gegenwärtigen Zustände Syriens deuten nicht darauf hin, dass man in den leitenden Kreisen von der Nothwendigkeit der That selbst überzeugt ist.

Zu erwähnen ist hier noch der mohammedanische Pilgerzug, der jährlich zur Wallfahrt nach Mekka und Medina am 2. Schewal unter Führung eines vom Sultan dazu ernannten höheren Würdenträgers (Sure Emini) von Damascus auszieht, in 27 langsamen Tagemärschen über Muzeril, Belka, Maan, Nudawra, Tabuk u. s. w. seine Reise vollzieht und in 30 Tagen wieder nach Damascus zurückkehrt. In früheren Zeiten, als die Seewege noch weniger benützt wurden und die Pilgerkarawane das sicherste Mittel zum Verkehre mit Arabien bot, war die Pilgerkarawane gleichzeitig eine Handelskarawane, welche den Waarenaustausch zwischen Damascus und den südlichen Gegenden vermittelten. Wenigstens 2000 Kameele zogen damals mit europäischen und damascener Waaren von Damascus nach Mekka aus und kehrten reicher belastet von dort zurück mit Mekka-Kaffee, Sennesblättern, Gummi aus Nedschel, mit Gewürzen, Aloeholz, Ambergries, chinesischem Porzellan, Seidenzeugen, indischen Shawls und Baumwollstoffen aller Art. Jetzt ist dieser Handel auf sehr geringe Proportionen reducirt, besonders seit der Canal von Suez die directe Seeverbindung mit der arabischen Küste eröffnet hat.

Posten, Telegrafen und sonstige Institutionen zur Förderung des Handels.

Die Postverbindung zur See zwischen Syrien und den vorzüglichsten Häfen des Auslandes, sowie auch zwischen den syrischen Seeplätzen unter sich und den übrigen Häfen des ottomanischen Reiches wird durch die Dampfer des österreichisch-ungarischen Lloyd, der französischen Messageries maritimes und der russischen Dampfschifffahrts-Gesellschaft unterhalten. Sie besorgen als Postdampfer den

Postdienst auf den von ihnen befahrenen Linien nach fixen, von der Regierung des Landes, dessen Flagge sie führen, festgesetzten Tarifen, und befassen sich nicht nur mit der Beförderung von Briefen, sondern auch mit der Vermittlung von Geldsendungen.

Die Postverbindung zu Lande wird durch die Postanstalten der ottomanischen Regierung erhalten. Manches ist zwar in letzterer Zeit zur Vervollkommnung und Verbesserung derselben geschehen, aber dennoch leidet Handel und Verkehr noch schwer unter ihrer Mangelhaftigkeit.

Zwischen Beirut und Damascus besteht ein täglicher Postdienst durch die Eilwagen der diese Strasse exploitirenden Transport-Gesellschaft, von Damascus geht wöchentlich eine reitende Tartarenpost nach Aleppo und von Aleppo in verschiedenen Abzweigungen nach den Hauptstädten Anatoliens, sowie über Diarbekir und Mossul nach Bagdad. Diese Regierungspost besorgt den Transport von Brief- und Geldpostsendungen, doch der schlechte Zustand und die Unsicherheit der Wege beschränken ihre Leistungen in bedenklicher Weise. Ausserdem verkehren noch reitende Boten (Suridschi) zwischen den einzelnen Städten Syriens, sowohl im Vilajet von Soria, als in jenem von Aleppo, sie befördern jedoch nur Briefe und übernehmen weder Packete noch Werthsendungen. Ober-Postämter befinden sich in Beirut, Damascus und Aleppo. Der Tarif ist derselbe wie in den übrigen Theilen des Reiches, d. i. bei einfachen Briefen von 10 Gramm $1\frac{1}{2}$ Piaster für je 100 Wegstunden und 6 Piaster für Entfernungen von mehr als 200 Stunden.

Werthsendungen in Gold und Silber zahlen $^{12}/_{40}$ Piaster für je 100 Piaster per Stunde, Waarenmuster $^{2}/_{40}$ Piaster für je 250 Gramm.

Der Mangel von Post-Conventionen zwischen der Türkei und den auswärtigen Staaten macht sich auch hier in sehr nachtheiliger Weise fühlbar, da die Bewohner der Binnenstädte behufs Weiterbeförderung der für sie mit fremden Dampfern in den Seeplätzen ankommenden Briefe eigene Bevollmächtigte bestellen müssen.

Syrien ist durch *Telegrafenlinien* mit den benachbarten Provinzen des ottomanischen Reiches, mit Cypern, Egypten und Europa verbunden.

Internationale Telegrafenstationen bestehen in Beirut, Beit-êddin (Residenz des General-Gouverneurs des Libanon), in Damascus, Lattakia, St. Jean d'Acre, Alexandrette, Nicosia und Adana. In Beirut befindet sich ein Telegrafen-Inspectorat, dem die Ueberwachung der Instandhaltung der Linien, sowie die Fürsorge für die Regelmässigkeit des Dienstes obliegt, und wenn auch Unterbrechungen von Zeit zu Zeit vorkommen, so ist doch der Nutzen, welchen der Handel und Verkehr aus diesen Anstalten zieht, ein sehr bedeutender, denn der handelskluge Araber hat schnell in dem Telegrafen das Mittel erkannt, das ihm gestattet, seine Handels- und Geldspeculationen weit über die Grenzen seiner Heimat auszudehnen und günstige Conjecturen auf auswärtigen Märkten zu seinem Vortheile auszunützen.

Besondere Anstalten, die ausschliesslich die Förderung des Handels zum Zwecke haben, giebt es in Syrien nicht, kaufmännische Vereine, Handels- und Gewerbekammern gehören hier noch zu den unbekannten Dingen, und wenn die Bewohner dieses Landes nichts desto weniger eine gewisse Rührigkeit auf commerciellem Felde entfalten, so ist dies nur ein Beweis ihrer vorzüglichen Begabung, die trotz mangelnder Anleitung und Unterstützung sich dennoch Bahn zu brechen im Stande ist. Bei der niedrigen Stufe, auf welcher das Unterrichtswesen im ganzen Umfange des ottomanischen Reiches sich befindet, ist es kaum zu wundern, dass die türkische Regierung auch in Syrien an die Errichtung besonderer Fachschulen behufs Verbreitung commercieller und gewerblicher Kenntnisse noch nicht ernstlich gedacht hat. Es ist nicht unsere Aufgabe, hier näher die Art des Unterrichts zu kennzeichnen, welcher der mohammedanischen Bevölkerung in den spärlichen Elementarschulen zu Theil wird, welche theils von Privaten, theils von geistlichen Stiftern in den Hauptstädten Syriens unterhalten werden. In den letzten Jahren hat zwar die Regierung in Damascus, Beirut, Aleppo, Saida etc. aus Staatsmitteln eine kleine Zahl von Normalschulen (Mektebi Ruschdieh) errichtet, durch welche der Grund zu einem auf breiterer Basis ruhenden Volksunterricht gelegt werden sollte, doch da man versäumt hat, zu gleicher Zeit auch für genügende und passende Lehrkräfte zu sorgen, konnte der Nutzen jener Anstalten bisher noch nicht in

genügender Weise zu Tage treten. In einer günstigeren
Lage befindet sich die christliche Jugend Syriens in dieser
Beziehung. Seit Langem, schon insbesondere aber seit den
traurigen Ereignissen des Jahres 1860, in welchem Damascus
und der Libanon wieder einmal der Schauplatz blutiger
Christenverfolgungen waren, haben fremde Missions-Anstalten
ihr Augenmerk darauf gerichtet, dem bedrängten christlichen
Glauben in diesem Lande durch Gründung mannigfacher
Lehranstalten zu Hülfe zu kommen, denselben durch Unterricht und Beispiel in dem Herzen der Jugend zu kräftigen.
Auf diese Weise entstanden in den zwei letzten Decennien
in Syrien und namentlich in Beirut eine Reihe von Schulen
und Erziehungs-Instituten, die, obschon sie zunächst con-
fessionellen Zwecken dienen und deshalb von bekehrungs-
süchtigen Tendenzen nicht frei sind, ausserdem auch die
Verbreitung gemeinnütziger Kenntnisse im Auge haben und
auf den geistigen Fortschritt der christlichen syrischen Nation
von wesentlichem Einfluss sind. Angeeifert von dem Beispiele der fremden Missionäre, haben schliesslich die mit
jedem Jahre an Zahl und Bedeutung zunehmenden christlichen Gemeinden Syriens theils selbstständig, theils unter
der Leitung ihrer Geistlichkeit, der Errichtung eigener Schulen
und Lehranstalten selbst regen Eifer und namhafte Geldopfer
zugewendet, so dass jetzt in Beirut allein 37 Schulen bestehen, in welchen 2669 christliche Schüler durch 114 Lehrer
alljährlich unterrichtet werden. Einige davon nähern sich
in ihren Einrichtungen unseren Real-Gymnasien und haben
in ihren Lehrplan alle diejenigen Gegenstände aufgenommen,
deren Kenntniss hier zu Lande für den Handelsbeflissenen
als genügend angesehen wird.

In erster Linie verdient hier die von einem Syrier,
Namens Bistani, mit Unterstützung der amerikanischen
Missions-Anstalten gegründete *nationale Schule* in Beirut
genannt zu werden. Ihr Lehrplan umfasst den Unterricht
in der arabischen, türkischen, französischen, englischen, latei-
nischen, alt- und neugriechischen Sprache, — in Naturrecht
und Handelsrecht, in Grammatik, Rhetorik und Logik, —
in Geographie und Geschichte, — in Arithmetik, Geometrie
und Trigonometrie, — in Schönschreiben und Zeichnen, —

in kaufmännischer Buchführung und nach Wunsch in den verschiedenen schönen Künsten.

Der Zutritt in diese Schule steht Kindern aller Confessionen offen, welchen daselbst in der Ausübung ihrer religiösen Pflichten keinerlei Hinderniss bereitet wird, wenngleich die ganze Einrichtung der Anstalt auf die Ausbreitung der protestantischen Lehre ein nicht zu verkennendes Gewicht legt. Gegenwärtig sind 19 Lehrer in dieser Schule angestellt, die Anzahl der Schüler beläuft sich auf 190.

Aehnlich in ihrer Einrichtung, wenngleich etwas enger begrenzt in ihrem Studienplan, ist die Schule des griechisch-katholischen Patriarchats in Beirut. Sie zählt ebenfalls 19 Lehrer und 205 Schüler.

Mit besonders reichen Mitteln ausgestattet ist das von amerikanischen Missions-Gesellschaften in Beirut gegründete und unterhaltene allgemeine evangelische Collegium für Syrien (Syrian Protestant College). Seine Gründung fällt in das Jahr 1865. Die Unterrichtssprache ist die vulgär-arabische, die Lehrcurse sind ungefähr dieselben wie in der von Bistani geleiteten nationalen Schule, nur ist mit dem Collegium eine besondere Abtheilung für das Studium der medicinischen und chirurgischen Wissenschaften verbunden, welche die Ausbildung practischer Aerzte zum Zwecke hat. Das Collegium zählte im letzten Jahre 80 Schüler. Es besitzt werthvolle physikalische, chemische und medicinische Apparate, ein gutes Teleskop, eine immer wachsende Bibliothek in modernen und orientalischen Sprachen, eine Sammlung ausgezeichneter geographischer Karten, ein Herbarium von mehr als 6000 Pflanzenarten, geologische, zoologische und mineralogische Collectionen etc. Die Anstalt zählt interne und externe Schüler, die internen zahlen 170, die externen 50 fl. ö. W. jährlich.

Zu erwähnen sind noch zwei grosse Lehranstalten der Jesuiten und Lazaristen im Libanon-Gebirge, nämlich in Ghazir und Antura, in welcher die Mehrzahl der jungen syrischen Kaufleute, welche jetzt an der Spitze der Handelsschaft in Beirut stehen, ihre Ausbildung erhalten haben.

Immer wachsende Bedeutung gewinnt die Tagespresse auf das öffentliche Leben in Syrien. Eine gewisse, der Bevölkerung eigene Wissbegierde bringt es mit sich, dass sie den politischen und socialen Ereignissen nicht nur im osmanischen Reiche, sondern auch in den europäischen Ländern rege Aufmerksamkeit zuwendet. Die in Constantinopel erscheinenden Journale zählen deshalb hier beträchtlich viele Abonnenten, und ausserdem erscheinen in Beirut und Damascus mehrere Zeitungen, welche im Lande mit Vorliebe gelesen werden. Wir lassen hier ein Verzeichniss derselben folgen:

1. *Sorie*, ein Regierungsblatt in türkischer und arabischer Sprache, erscheint einmal wöchentlich in Damascus und enthält officielle, politische und Tagesneuigkeiten.

2. *Hadikat-el-Achbâr*, ein halbofficielles Blatt für Syrien und den Libanon, in französischer und arabischer Sprache, erscheint in Beirut jeden Donnerstag, bespricht vorzüglich amtliche und private Vorkommnisse in der Provinz.

3. *En-Nedschah*, erscheint in Beirut zweimal wöchentlich in arabischer Sprache; diese Zeitschrift bringt Nachrichten über die politischen Ereignisse im In- und Auslande, nebst einzelnen Notizen über Handels- und Marktverhältnisse.

4. *El-Djeneinet*, *El-Djennet* und *El-Djenan*, 3 arabische Journale, von welchen das erste täglich, das zweite zweimal wöchentlich und das dritte alle vierzehn Tage erscheint, alle drei werden von Bistani, dem Eigenthümer und Leiter der nationalen Schule in Beirut herausgegeben. Während Djeneinet telegrafische Depeschen und kurze Auszüge aus verschiedenen europäischen Zeitungen bringt, bespricht El-Djennet in ausführlicheren Correspondenzen die Zustände und Interessen der verschiedenen Theile Syriens, welchen es kurze Bulletins über die Handels- und Schifffahrtsbewegung in den hauptsächlichsten Häfen der Provinz anfügt. El-Djinan hingegen bringt in seinen illustrirten Heften längere Artikel politischen, historischen und biographischen Inhalts.

5. *El-Beschir*, ein unter den Auspicien der römischen Propaganda in Beirut erscheinendes Wochenblatt gemischten Inhalts und von ausgesprochen katholisch-clerikaler Tendenz.

6. *El-Subh-el-menir*, eine von der amerikanischen Mission in Beirut herausgegebene illustrirte Monatsschrift pädagogischen und naturwissenschaftlichen Inhalts, im Zusammenhange mit einer nicht illustrirten Wochen-Ausgabe, die mit Vorliebe religiöse Fragen behandelt. — Dieses Wochenblatt (El-naschra-el-asbuie) besteht bereits seit dem

Jahre 1860 und erscheint gegenwärtig in einer Auflage von 1000 Exemplaren, Subh-el-menir, erst im Jahre 1872 begonnen, wird in 2000 Exemplaren im Lande verbreitet. Der Abonnementspreis für beide Blätter ist unbedeutend, nämlich 20 Piaster jährlich, viele Exemplare werden an Mittellose gratis hintangegeben.

Als türkische Stadt kann Beirut auch auf die Zahl und Grösse seiner Buchdruckereien stolz sein. Die wichtigste davon ist die den Jesuiten gehörige, sowie die Druckerei, welche mit den amerikanischen Missions-Anstalten verbunden ist. Nicht nur Werke religiösen Inhalts, auch sonstige wissenschaftliche Bücher, arabische Uebersetzungen geographischer und historischer Werke des Abendlandes, Chrestomathien, Wörterbücher u. s. w. wurden von denselben in rascher Reihenfolge veröffentlicht und sind ein mächtiger Hebel der rasch fortschreitenden Aufklärung des Landes geworden. Ausser den zwei genannten verdienen noch die allgemeine, die griechisch-katholische und die El-Mearif genannte Buchdruckerei hier ausdrücklich genannt zu werden, welche mit dem Druck der Zeitungen, sowie passender Schulbücher beschäftigt sind.

Die in immer weiteren Kreisen sich verbreitende Bildung in Syrien ist leider bis jetzt ohne Rückwirkung auf den gewerblichen Unterricht und die Arbeiterverhältnisse daselbst geblieben. Auf diesem Gebiete herrschen noch die beengenden Zunftschranken; der in die Lehre tretende Knabe hat gewöhnlich kaum den nothdürftigsten Elementar-Unterricht genossen, er ist mehr Diener als Lehrling seines Meisters, welcher ihm die auf altem Herkommen beruhenden Kunstgriffe seines Handwerkes nur allmälig beibringt, und wird der Lehrling endlich selbst zum Meister, so vermeidet er es ängstlich, sich bei seiner Arbeit irgendwie von den althergebrachten Regeln zu entfernen. Deshalb das ermüdende Einerlei in den Formen, der allgemeine Verfall in der gewerblichen Technik trotz grosser Vollendung in einzelnen Details. Bei der sich immer steigernden Einfuhr ausländischer Erzeugnisse werden diese Uebelstände um so fühlbarer, das Elend des Arbeiterstandes nimmt zu und der Ruin früher blühender Gewerbe wäre wahrscheinlich schon jetzt ein vollkommener, wenn nicht eine beispiellose Genügsamkeit dem syrischen Arbeiter das Ausharren in anderswo unerträglichen Verhältnissen erleichtern würde.

Der gewöhnliche Arbeitslohn eines Tagelöhners beläuft sich in Syrien auf 4—7 Piaster, d. i. 35—60 Neukreuzer; Gesellen der verschiedenen Handwerke verdienen 5—8 Piaster, Maurer, Tischler, Schneider, Anstreicher 10—12 Piaster und nur besonders geschickte Arbeiter, Goldschmiede, Steinschneider und Uhrmacher können es zu einem Gewinne von 20—25 Piaster täglich bringen, von dem sie gewöhnlich eine sehr zahlreiche Familie ernähren müssen.

Geld- und Creditwesen.

Ausser einer Filiale der ottomanischen Bank und einiger anonymer Privat-Bankgeschäfte besteht in Syrien kein Credit-Institut. Selbst in Beirut, der grössten Handelsstadt an der syrischen Küste, giebt es keine Börse und nur einzelne Wechsler vermitteln den An- und Verkauf der an der Constantinopolitaner Börse cotirten Effecten. — Es existirt eine Provinzialschuld, welche von den sogenannten „syrischen" mit 6% verzinslichen „Serghis" repräsentirt wird. Sie betrug ursprünglich eine Million engl. Pfund, gegenwärtig ist sie bereits auf 180.000 herabgemindert, welche nach und nach von der Provinzialcasse des Vilajet Soria getilgt wird.

Von Bedeutung ist das Wechselgeschäft in Beirut, da der ganze Handel Syriens sich von dem Credit nährt, welchen ihm die europäischen Märkte gewähren. Der geldbedürftige syrische Kaufmann zieht Wechsel auf seine Committenten in Marseille, London oder Triest und deckt dieselben sodann mit Waare. Die Escomptirung dieser Wechsel wird von der Filiale der ottomanischen Bank für grosse, vollkommen sichere Firmen besorgt, weniger bekannte bedienen sich der Vermittlung der Privatbanken, welche dafür besondere Interessen berechnen.

In früheren Zeiten war Beirut der ausschliessliche Geldmarkt für alle syrischen Handelsstädte, gegenwärtig sind Aleppo und Damascus, ja selbst einige kleinere Städte an der Küste in directe Verbindung mit den ausländischen Märkten getreten, doch wird noch immer ein grosser Theil der so gezogenen Wechsel in Beirut verkauft.

Die Schwankungen im Curse für 3 Monat Wechsel in Beirut werden aus nachfolgender Liste ersichtlich:

		auf London	Marseille	Triest	
Ende	1869	126 1/4	200	10 1/4	Piaster.
„	1870	126 1/4	203	10 1/4	„
„	1871	126	—	10 3/4	„
Jänner	1872	125 3/8	193 1/2	10 7/8	„
Februar	1872	126	195	11 1/8	„
März	1872	125 3/4	195 1/2	11 1/2	„
April	1872	124 3/4	195 1/1	11 1/4	„
Mai	1872	124 1/2	195	11 1/8	„
Juni	1872	125 3/8	195	11	„
Juli	1872	126	196 1/2	11 1/4	„
August	1872	126	196	11 3/8	„
September	1872	125 1/8	194 3/4	11 1/2	„
October	1872	125 1/8	194	11 1/2	„
November	1872	126	196	11 1/2	„

In neuester Zeit richtete zwar die ottomanische Bank eine industrielle Abtheilung ein, doch beschränkt sich ihre Thätigkeit bis jetzt auf Gewährung von Vorschüssen auf Waaren, welche in ihren Magazinen deponirt werden.

Geld ist im Allgemeinen knapp in Syrien, darum wird der gesetzliche Zinsfuss von 12% jährlich selten eingehalten, je nach Umständen werden 15, 20, ja sogar 30% gefordert und gegeben.

Boden-Credit besteht in Syrien nicht, der geldbedürftige Grundbesitzer ist deshalb hier den Bedrückungen der Wucherer rückhaltlos preisgegeben.

Rechtsverhältnisse im Handel und Verkehre.

Die beiden Vilajets von Syrien und Aleppo haben keine Rechtsinstitution aufzuweisen, welche nicht dem ganzen osmanischen Reiche gemeinsam wäre. Der gerichtliche Instanzenzug ist, mit Ausnahme des Libanon-Mutesarifliks, in welchem die Satzungen des von der Pforte im Einvernehmen mit den Schutzmächten erlassenen Reglements vom Jahre 1861 maassgebend sind, derselbe wie er durch die Vilajet-Organisation auch in den übrigen Theilen des Reiches eingeführt wurde. Neben den Justiz-Conseils, welche an den Sitzen der Civilverwaltung die bürgerlichen Rechtsstreitigkeiten entscheiden, und den Mehkemehs, d. i. geistlichen Gerichtshöfen, die in allen Immobilien-Angelegenheiten competent sind, bestehen im Vilajet von Syrien in den Städten von Hama, Damascus, Tripolis, St. Jean d'Acre und Beirut und im Vilajet von Aleppo, in Aleppo selbst ottomanische Handelsgerichte, die über Handelsstreitigkeiten zwischen Unterthanen der hohen Pforte entscheiden. Das Handelsgericht in Beirut ist zugleich Gericht zweiter Instanz für die übrigen Handelsgerichte im Vilajet von Syrien, dritte Instanz ist das Handels-Tribunal in Constantinopel. Für Handelsstreitigkeiten zwischen fremden Unterthanen und Unterthanen der hohen Pforte besteht in Syrien das gemischte Handelsgericht in Beirut. Es ist zusammengesetzt aus einem Präsidenten, drei ottomanischen und drei von den Consulaten aus dem fremden Kaufmannsstande gewählten Mitgliedern.

Ausgebreitetere Gesetzkenntniss, entwickelterer Rechtssinn, sowie auch der Rückhalt, der den europäischen Beisitzern in ihren Vertretungs-Behörden gesichert ist, verschaffte denselben das Uebergewicht in diesem Tribunale, das ein grosses Ansehen nicht nur bei der Bevölkerung, sondern auch bei den leitenden Behörden der Provinz geniesst und viel dazu beigetragen hat, Beirut auf auswärtigen Märkten jenen Ruf commercieller Solidität zu verschaffen, der einen wesentlichen Factor seiner raschen Entwickelung bildet.

Die Execution der Urtheile steht nicht dem Handelsgerichte zu, sondern gehört zur Competenz der Provinzial-Regierung. So lange es sich darum handelt, den Schuldner mit seiner beweglichen Habe für die von ihm eingegangenen Verpflichtungen haftbar zu machen, findet der europäische Gläubiger die Executiv-Behörde dazu im Allgemeinen gerne bereit, schwierig aber ist es, den executiven Verkauf von Immobilien durch sie zu erlangen. Der Mangel eines ordentlich geführten Grundbuches, die ausschliessliche Competenz der geistlichen Gerichtshöfe (Mehkemehs) in allen Grundbesitzstreitigkeiten, vor welchen nach dem mohammedanischen Gesetze christliche Zeugen nicht zugelassen werden, die grossen Unkosten, mit welchen Eigenthums-Uebertragungen verbunden sind, sind Uebelstände, welche dem säumigen und unredlichen Schuldner sehr zu Statten kommen und den geschäftlichen Transactionen die wichtige Grundlage des Bodencredits entziehen. Nur eine gründliche Reform der die Erwerbungsart und Veräusserung liegender Güter regelnden Gesetze könnte Abhilfe auf diesem Gebiete schaffen; was bisher in dieser Richtung geschehen ist, hat mehr zur Schwächung als zur Stärkung der Rechtsverhältnisse beigetragen. Wohl hat die hohe Pforte in den letzten Jahren Verordnungen erlassen, welche fremden Unterthanen das Recht zugestehen, im ottomanischen Reiche Grund und Boden zu erwerben, und gerade in Syrien haben es einzelne Europäer versucht, durch Ankauf grösserer Gütercomplexe und rationelle Bewirthschaftung derselben die reichen Hülfsquellen des Landes zu verwerthen, allein der geringe Schutz, welchen ihnen die Landesbehörden hierbei zu Theil werden liessen, die Verfolgungen, die fanatische Nachbarn gegen sie ins Werk setzten, machten ihre besten Anstrengungen zu nichte, so dass ihr Beispiel keineswegs als ein ermunterndes angesehen werden kann.

Die zweite und letzte Instanz in Handelsprocessen zwischen fremden und ottomanischen Unterthanen ist der Appellationshof in Constantinopel. — Der gesetzliche Zinsfuss ist 1% per Monat.

Für das Vilajet Aleppo besteht in der Stadt Aleppo ein in seiner Zusammensetzung dem gemischten Handelsgerichte in Beirut analoges Tribunal, mit dem Unterschiede jedoch, dass die europäischen Beisitzer nicht von dem Consularcorps in seiner Gesammtheit, sondern von den einzelnen fremden Vertretungsbehörden als Richter ihrer Nationalen von Fall zu Fall ernannt werden.

Besondere für die Provinz Syrien allein und nicht für die Gesammtheit des Reiches bestehende Monopole, Privilegien oder sonstige Handelsbeschränkungen giebt es nicht; fremde Unterthanen unterliegen in ihren Handelsgeschäften und im Gewerbsbetriebe daselbst nur den tractatlich für den ganzen Umfang der Türkei festgesetzten Abgaben. Der Zunftzwang, welcher für die Unterthanen der hohen Pforte die Ausübung bestimmter Gewerbe von dem Eintritte in die betreffende Genossenschaft und der Entrichtung gewisser Taxen abhängig macht, ist für Unterthanen fremder Staaten nicht zu Recht bestehend; sie nehmen also in dieser Be-

ziehung in der Türkei eine nahezu privilegirte Stellung ein.
— Was die Steuer-Gesetzgebung im Allgemeinen anbelangt,
so ist sie sicherlich nicht ohne Einfluss auf die Entwickelung
der Bodenproduction und folglich auch in innigem Zusammenhange mit dem Entwickelungsgange des Exportes von Rohproducten, — eine Reform auf diesem Gebiete ist in Syrien
wie in den übrigen Provinzen der Türkei dringend geboten,
wenn das Missverhältniss zwischen dem Werthe der Einfuhr
und jenem der Ausfuhr, das mit jedem Jahre bedenklichere
Dimensionen annimmt, beseitigt und eine dem nationalen
Wohlstande entsprechendere Handelsbilanz erzielt werden
soll. Eine neue, gleichmässige und gerechte Besteuerung des
Grund und Bodens ist unumgänglich nothwendig, um den
in Verfall gerathenen Ackerbau wieder zu neuer Thätigkeit
zu ermuthigen; ohne fortschreitende Agricultur aber ist ein
blühender Handel in Syrien nicht denkbar.

ANHANG.

Bevölkerungs-Tabelle des Vilajets von Soria

Namen der Districte	Dörfer	Häuser der Dörfer	Türkische Häuser	Griechische Häuser	Griechisch-katholische Häuser	Armenische Häuser	Armenisch-katholische Häuser	Syrische Häuser	Syrisch-katholische Häuser	Maronitische Häuser	Lateinische Häuser	Protestantische Häuser	Koptische Häuser	Israelitische Häuser
Damascus			12.780	645	703	14	16	44	22	28	8		17	415
Dörfer des Districts von Damascus	356	30.884	2.780											
Jerusalem			1.025	299	18	175		7		6	179	16	14	680
Stadt Gaza			2.690	65	70	5					50			
Jaffa			865	135		8					10			
Dörfer des Districts von Jerusalem	276	21.230	1.790	2.000	500					500				
Beirut			1.084	56	129		6	10	1	179			1	60
Saida			29	12	155					9		4		95
Sur														
Dörfer des Districts von Beirut	274	10.782												

nach dem amtlichen Kalender des Jahres 1871.

Dampfschifffahrtsbewegung von Beirut in den Jahren 1866 bis 1871.

Flagge	1866 Dampfer Zahl	1866 Tonnengehalt	1867 Dampfer Zahl	1867 Tonnengehalt	1868 Dampfer Zahl	1868 Tonnengehalt	1869 Dampfer Zahl	1869 Tonnengehalt	1870 Dampfer Zahl	1870 Tonnengehalt	1871 Dampfer Zahl	1871 Tonnengehalt
Englische.........	120	94,546	53	38,283	67	48,890	62	24,010	73	27,512	33	20,080
Oesterreichische .	52	31,200	60	72,140	48	50,201	51	58,039	52	63,147	55	61,354
Französische	95	82,899	78	62,261	74	50,326	72	72,258	72	96,539	33	43,012
Ottomanische.....	45	27,000	2	700	46	13,110	58	26,100	61	32,086	106	57,514
Russische.........	42	29,400	60	15,000	48	16,200	51	15,810	54	34,018	52	29,744
Summe......	354	265,045	253	188,384	283	178,727	294	196,217	312	253,302	277	214,704

Segelschifffahrtsbewegung von Beirut in den Jahren 1866 bis 1871.

Flagge	1866 Segler		1867 Segler		1868 Segler		1869 Segler		1870 Segler		1871 Segler	
	Zahl	Tonnen-gehalt	Zahl	Tonnen-gehalt	Zahl	Tonnen-gehalt	Zahl	Tonnen-gehalt	Zahl	Tonnen-gehalt	Zahl	Tonnen-gehalt
Englische	13	3569	27	8806	27	8137	25	6261	13	3896	12	3654
Oesterreichische	32	7016	14	2943	10	2234	8	2061	5	1126	1	209
Amerikanische	—	—	1	322	3	1043	5	1527	5	2062	6	2087
Dänische	—	—	—	—	—	—	—	—	2	16	2	16
Französische	12	2081	13	5100	16	2294	20	2858	8	1211	6	910
Hannoversche	1	154	—	—	—	—	—	—	—	—	—	—
Griechische	41	4236	9	1090	5	222	7	686	27	3031	32	3737
Holländische	—	—	2	259	6	800	3	460	3	530	—	—
Italienische	49	11.014	21	4811	25	5663	26	4964	30	5792	30	6335
Mecklenburgische	1	270	—	—	—	—	—	—	—	—	—	—
Norwegische	1	242	2	115	1	155	2	220	2	185	3	278
Ottomanische	3143	46.461	2980	89.400	2585	61.785	2720	54.200	2544	53.665	3066	66.816
Russische	4	1178	—	—	3	482	4	316	1	80	—	—
Schwedische	1	220	—	—	—	—	—	—	—	—	—	—
Preussische	3	922	2	201	—	—	—	—	—	—	—	—
Summe	3301	77.366	3074	113.347	2681	82.815	2820	73.580	2640	71.597	3158	84.042

Schifffahrtsbewegung von Alexandrette im Jahre 1870 und 1871.

Flagge	1870 Segler Zahl	1870 Segler Tonnen-gehalt	1870 Dampfer Zahl	1870 Dampfer Tonnen-Gehalt	1871 Segler Zahl	1871 Segler Tonnen-Gehalt	1871 Dampfer Zahl	1871 Dampfer Tonnen-Gehalt
Englische	4	1249	43	21.905	6	1980	27	15.113
Oesterreichische	8	2701	—	—	4	1170	—	—
Amerikanische	1	162	—	—	—	—	—	—
Französische	2	151	78	28.982	2	412	41	46.084
Italienische	5	1152	—	—	4	971	—	—
Griechische	12	1656	—	—	5	538	—	—
Ottomanische	113	7274	61	32.086	152	9427	106	57.514
Russische	—	—	54	34.018	—	—	52	29.744
Summe	145	14.046	236	189.941	173	14.498	226	148.455

Schifffahrtsbewegung des Hafens von Mersina in den Jahren 1870 und 1871.

Flagge	1870 Segler Zahl	1870 Segler Tonnengehalt	1870 Dampfer Zahl	1870 Dampfer Tonnengehalt	1871 Segler Zahl	1871 Segler Tonnengehalt	1871 Dampfer Zahl	1871 Dampfer Tonnengehalt
Britische	2	544	10	7244	5	895	10	7621
Oesterreichische	5	2131	—	—	5	1430	—	—
Französische ...	2	288	76	98,327	4	480	13	46,852
Italienische	4	767	—	—	5	1073	—	—
Griechische	8	1214	—	—	11	1122	—	—
Holländische	1	137	—	—	—	—	—	—
Ottomanische ...	820	24.942	61	32.086	640	21.915	106	57.514
Russische	3	260	54	31.018	3	95	52	29.744
Spanische	—	—	—	—	1	295	—	—
Summe	845	30.283	201	171.675	674	27.305	211	141.731

Schifffahrtsbewegung von Larnaca in den Jahren 1870 und 1871.

Flagge	1870 Segler Zahl	1870 Segler Tonnen-gehalt	1870 Dampfer Zahl	1870 Dampfer Tonnen-gehalt	1871 Segler Zahl	1871 Segler Tonnen-gehalt	1871 Dampfer Zahl	1871 Dampfer Tonnen-gehalt
Englische	11	1.577	19	6.052	4	929	7	5.414
Oesterreichische	10	1.861	52	63.147	6	1.288	53	64.354
Französische	3	456	2	499	2	346	2	768
Italienische	17	3.450	—	—	17	3.754	—	—
Griechische	67	7.599	—	—	54	7.669	—	—
Holländische	1	137	—	—	—	—	—	—
Ottomanische	851	27.260	—	—	866	29.363	—	—
Russische	4	414	—	—	—	—	—	—
Norwegische	1	380	—	—	—	—	—	—

Statistik der durch die „ottomanische Gesellschaft der Strasse von Beirut nach Damascus" transportirten Waarenmengen in den Jahren 1869, 1870, 1871 und 1872.

Von Beirut nach Damascus.

Jahres-zahl	Holz	Acra-tische Gegen-stände	Leder	Eisen	Manu-facturen	Marmor	Reis	Salz	Café	Zucker	Quin-cailerien u. Kram waare	Pe-troleum	Diversen	Gesammt-menge Okken
1869	418,157	166,538	93,087	281,001	329,116	216,400	857,776	470,201	73,956	326,548	261,997	—	1,118,024	4,630,555
1870	306,280	219,724	61,553	125,216	322,396	126,300	1,069,188	239,010	76,186	328,322	231,130	98,168	1,829,102	5,184,375
1871	137,560	172,540	44,589	73,671	242,736	95,010	1,159,630	389,622	52,886	226,480	156,663	215,058	1,954,291	5,420,716
1872	129,623	184,228	61,308	169,025	722,566	202,854	1,026,133	666,182	135,103	449,127	177,029	163,128	1,012,826	5,129,473

Von Damascus nach Beirut.

Jahres-zahl	Alizari	Acra-tische Gegen-stände	Getreide	Mehl	Wolle	Apriko-senkerne	Ge-trocknete Apri-kosen	Soda	Manu-facturen	Tabak und Tömbeki	Früchte	Zwieback	Diversen	Gesammt-menge Okken
1869	62,681	31,228	—	2,733,873	297,516	275,081	241,875	20,836	171,628	154,782	90,277	—	322,503	4,404,764
1870	29,991	75,514	—	782,271	276,800	21,628	200,328	11,636	174,642	189,876	69,014	17,456	256,385	2,172,823
1871	81,803	125,258	—	37,548	345,381	232,082	510,470	16,859	218,707	226,733	90,192	1,029	803,769	2,753,433
1872	114,340	116,230	205,919	1,787,099	387,063	207,326	680,966	16,085	314,113	254,286	135,746	—	782,106	5,000,112

NB. Als Gewichtseinheit bei allen Zahlengruppen dieser Tabelle ist die Okka angenommen. 44 Okken sind gleich 100 Wiener Pfund.

Aleppo:
Erste

Name der Waare	Provenienz	Preis am Orte der Provenienz	Escompte	Durchschnittlicher Verbrauch
Eisen in Barren	England	$15/_8$ Shilling per engl. Pfund	—	7000—8000 Okken
Eisen in Blech	do.	$15/_8$ do.	—	7000—8000 Okken
Kupferblech	do.	£St. 118 per Tonne	—	100.000—110.000 Okken
Zinkblech	Frankreich und Belgien	70 Frcs. per 100 Kilogr.	—	4000—4400 Okken
Zinkblech in Breten	do.	47 Frcs. per 100 Kilogr.	—	1600—2000 Okken
Zinn	England	159 Shillings per engl. Pfund	$2^1/_2 \%$	14.000—15.000 Okken
Zinn	do.	38 Shillings das Kistchen von 225 Stück		200—220 Kisten
Blei	Frankreich	$47^1/_2$ bis 48 Frcs. je 100 Kilogr.	—	14.000—15.000 Okken

Import.
Gruppe.

Platzpreise	Anmerkungen
7—7½ Piaster das Rotl.	Die Barren sind entweder flach oder rund. Das Eisen ist schwedischen Ursprungs. wird jedoch von Liverpool aus versendet.
7½—8 Piaster das Rotl	Die Beduinen verwenden es zur Erzeugung von Küchengeräthschaften.
52—53 Piaster das Rotl	Wird zur Anfertigung von Küchengeräthschaften verwendet.
17½—18 Piaster das Rotl	Wird seit Kurzem zur Dachdeckung verwendet. Die Länge beträgt 3½ Pik, die Breite 1½.
10—10½ Piaster das Rotl	Wird zur Verzinnung der kupfernen Küchengeräthschaften verwendet.
35—36 Piaster per Okka	
335—350 Piaster die Kiste	
5—5¼ Piaster die Okka	

Aleppo: Import.

Zweite

Namen der Waare	Provenienz	Preis am Orte der Provenienz	Escompte	Durchschnittlicher Verbrauch
Reis	Italien und England	10—12 Frcs. per 100 Kilogr. 11.10—12 Shg. per engl. Pfund.		4000—5000 Sack
Café Rio	Frankreich	90—91 Frcs. per 50 Kilogr.	2°/₀	200—220 Sack
Pfeffer	do.	75—80 Frcs. per 50 Kilogr.	—	500—550 Sack
Piment	do.	85 Frcs. per 100 Kilogr.		200—220 Sack

Dritte

Ammoniaksalz	England	49 Shillings per engl. Pfund	2½°/₀	150 Fass zu 90—100 Okken
Stearinkerzen	Frankreich	—	—	7000—7500 Packete
Petroleum	Vereinigte Staaten von Amerika	—	—	5000—6000 Kisten
Cochenille	Frankreich	7.20—8 Frcs. per Kilogramm.	2°/₀	300—320 Sack
Indigo	Ostindien	350 Rupien per Men von 28 Okken	—	350—365 Kisten zu 120 Okken

Vierte

Zucker in Broden	Frankreich	44 Frcs. per 50 Kilogramm	2°/₀	800—850 Fass von 94—100 Okken
Zucker in Hüten	do.	44¾ Frcs. per 50 Kilogramm	2°/₀	750—800 Kisten

Gruppe.

Platzpreise	Anmerkungen
8¹‚—8½ Piaster das Rotl, (Italienischer 7¼—7½ von Liverpool)	Die Einfuhr hängt von den einheimischen Ernteergebnissen ab; der indische Reis, der $1/5$ der Einfuhr beträgt, wird von Liverpool bezogen.
34—37 Piaster das Rotl	
29 Piaster das Rotl	
18 Piaster das Rotl	

Gruppe.

11½—12 Piaster die Okka	Wird bei der Verzinnung kupferner Geräthschaften verwendet.
8 Piaster das Packet	Der Verbrauch hat seit Einführung des Petroleums eine grosse Abnahme erlitten.
130—135 die Kiste	Wird entweder direct über Alexandrette oder von Beirut, nach welchem Platze sich die Preise richten, bezogen.
65—70 Piaster per Okka	
225—250 Piaster per Okka	Diese Farbwaaren kommen von Calcutta via Suez-Canal nach Alexandrette und Aleppo.

Gruppe.

17½—18 Piaster das Rotl	Es wird beinahe ausschliesslich von Marseille der Zucker eingeführt, erst in neuester Zeit beginnen die egyptischen Raffinerien ernstliche Concurrenz der französischen Einfuhr zu machen.
17½—18 Piaster das Rotl	Das gewöhnliche Gewicht eines Zuckerhutes beträgt 3 bis 6 Kilogramm, das Gewicht des Emballagepapiers beträgt $4½\%$, hie und da sogar 7%.

Aleppo: Import.

Fünfte

Namen der Waare	Provenienz	Preis am Orte der Provenienz	Escompte	Durchschnittlicher Verbrauch
Tuch mit Baumwolle gemengt	England	2.10—3 Shillings per Yard	2½%	60—80 Stück
Idem für die Gendarmerie	do.	2—3 Shillings per Yard	2½%	120—160 Stück
Idem ganz wollen	Frankreich	6—6½ Frc. per Meter	—	600—750 Stück
Idem ganz wollen	Sachsen	6¼, 6½—7½ Frc. per Brabanter Elle franco Alexandrette	—	950—1030 Stück
Tuchstoffe (Sommer)	Belgien	7—11 Frcs. per Meter	—	50—60 Stück
Tuchstoffe (Winter)	do.	9—14 Frcs. per Meter	—	70—90 Stück
Woll-Atlas (Satin laine)	do.	7¼—12½ Frc. per Meter	—	120—150 Stück
Zebra's aus Wolle und Baumwolle	England	13½ Penny per Stück	2½%	15.000—16.000 Stück
Flanell, farbiger	do.	14—18 Pence per Yard	2½%	60—70 Stück
Flanell, weisser	do.	11—14 Pence per Yard	2½%	30—40 Stück

Gruppe.

Platzpreise	Anmerkungen
22—23 Piaster per Pik	Das Stück enthält 20—22 Yards.
16—18 Piaster per Pik	
32—33 und 27—30 Piaster per Pik	Die Prima-Qualität trägt die Etiquette Façon Louviers. Es ist eine Specialität von Bedorieux in Frankreich.
48, 56, 43—44 Piaster per Pik	Jede Kiste enthält 14—16 Stück verschiedener Farben. Das Stück misst 20—22 Ellen.
40—60 Piaster per Pik	Die Einfuhr steigt stetig, indem die europäische Tracht mehr und mehr an Verbreitung gewinnt. Die niederen Preise sichern Belgien das Uebergewicht. Das Stück misst 22—24 Meter.
47—70 Piaster per Pik	
40—70 Piaster per Pik	Die häufigste Gattung kostet $10^1/_4$ Frc. per Meter. Ein Ballen enthält 8—10 Stück in der Länge von 22—24 Meter.
$11^3/_4$—12 Piaster per Stück	Dient zu Gürteln für die ärmeren Classen der Bevölkerung.
12—13 Piaster per Yard	Das Stück misst 25—28 Yards.
10—13 Piaster per Yard	Der Verbrauch nimmt ab in dem Maasse, als die Einfuhr der gewirkten Wollhemden aus Deutschland und England zunimmt.

Aleppo: Import.

Name der Waare	Provenienz	Preis am Orte der Provenienz	Escompte	Durchschnittlicher Verbrauch
Flanell, weisser gemengt mit Baumwolle	Belgien	8—10 Pence per Yard	2½°/₀	30—40 Stück
Cachemire d'Ecosse	Frankreich und Schweiz	3¼—3½ Frcs. per Yard	4°/₀	80—100 Stück
Thibet	Frankreich und Sachsen	2—2½ Frcs. per Meter	—	40—50 Stück
Wollmusseline	Frankreich und Schweiz	1.65—1¾ Frcs. per Meter	4°/₀	80—100 Stück
Imperial mit Baumwolle	Sachsen	50—51 Frcs. das Stück von 27¹/₁₀ Meter	—	200—250 Stück
Grenadine	England	5—8 Pence per Yard	2½°/₀	120—150 Stück
Camelot	do.	75—80 Shillings per Stück von 28 Yards	2½°/₀	200—250 Stück
Italian Cloth 1. Qualität	do.	34—36 Shillings per Stück von 40—42 Yards	2½°/₀	280—300 Stück
Italian Cloth 2. Qualität	do.	28—30 Shillings per Stück von 40—42 Yards	2½°/₀	1500—1600 Stück
Tarlatan	Frankreich	30 Cent. per Meter	10°/₀	2000—3000 Stück
Baumwolltücher (mouchoir) rothe	Schweiz	4—4¼ Frcs. per Dutzend franco Alexandrette	—	1500—2000 Stück

Gruppe.

Platzpreise	Anmerkungen
8—10 Piaster per Yard	Das Stück misst 25—28 Yards. Der Verbrauch nimmt ab in dem Maasse. als die Einfuhr der gewirkten Wollhemden aus Deutschland und England zunimmt.
27$^1/_2$—28 Piaster per Meter	Die Einfuhr aus Deutschland in diesem Artikel beginnt mit Frankreich und der Schweiz zu concurriren; die Kiste fasst 20—30 Stück in der Länge von 50—55 Metern.
13$^1/_2$—14 Piaster per Pik	Die Länge des Stücks beträgt 30—31 Meter, die Breite 100—101 Centimeter.
12$^1/_2$—13 Piaster per Meter	Deutschland führt in kleinen Partien die ordinäre Qualität ein. Die Einfuhr derselben ist im Steigen. Die Kiste fasst 20—30 Stück in der Länge von 50—55 Metern.
380—400 Piaster per Stück	Sachsen führt zu den günstigsten Bedingungen diesen Artikel ein. Die Kiste enthält 30 Stück.
5$^1/_2$—7$^1/_2$ Piaster per Yard	Die Länge beträgt 45—50 Yards. die Breite 21—21$^1/_2$.
15$^1/_2$—16$^1/_2$ Piaster per Yard	Wird zur Anfertigung arabischer Mäntel und Kleidungsstücke verwendet.
7$^3/_4$—8 Piaster per Yard	Dieser Artikel hat einen constanten Verbrauch. und wird in Kisten von 30—35 Stück eingeführt.
7—7$^1/_2$ Piaster per Yard	
24—26 Piaster das Stück von 10 Metern	Länge des Stücks 10 Meter, Breite 72 Centimeter.
28—30 Piaster per Dutzend	Der Artikel wird gewöhnlich in Kisten, welche 300 Dutzend fassen, eingeführt.

Aleppo: Import.

Fünfte

Namen der Waare	Provenienz	Preis am Orte der Provenienz	Escompte	Durchschnittlicher Verbrauch
Baumwolltücher (mouchoir), blaue, falsi	Schweiz	2³/₁₀—2²/₅ Frc. per Dutzend, franco Alexandrette	—	2500—3000 Dutzend
do. ambra (falsi)	do.	2½—2³/₁₅ Frc. per Dutzend, franco Alexandrette	—	2000—3000 Dutzend
do. famy	do.	2⁷/₂₀—2²/₅ Frc. per Dutzend, franco Alexandrette	—	8000—10.000 Dutzend
do. Baroks (solidi)	do.	3¼—3³/₁₀ Frc. per Dutzend, franco Alexandrette	—	6000—8000 Dutzend
Jasmas	do.	5 Frcs. per 4 Dutzend	—	700—800 Kisten
Zebra's aus Baumwolle	England	4⅛, 4½ und 6½ Penny per Stück	2½%	40.000—43.000 Stück
Cloth „Mexican"	do.	15—15½ Penny per engl. Pfund	2½%	1800—2400 Ballen
do. „Mac Clure"	do.	13½—14½ Penny per engl. Pfund	2½%	1000—1100 Ballen
do. „Rymer"	do.	11½—12 Pence per engl. Pfund	2½%	2800—3200 Ballen
Ungebleichte Leinwand „Domestics"	do.	12—12½ Penny per engl. Pfund	2½%	900—950 Ballen
Long Cloth	do.	13—14 Pence per engl. Pfund	2½%	350—400 Ballen
Shirtings, Gewicht 11 Pfd. ungebleichte	do.	13—13¼ Penny per engl. Pfund	2½%	200 Ballen

Gruppe.

Platzpreise	Anmerkungen
18 Piaster per Dutzend	Der Artikel wird gewöhnlich in Kisten, welche 300 Dutzend fassen, eingeführt.
20—22 Piaster per Dutzend	
18 Piaster per Dutzend	
24—24½ Piaster per Dutzend	
5½ Piaster das Paar von 2 verschiedenen Grössen	Die Kiste fasst 30 Cartonschachteln, von welchen jede 5 Dutzend oder 60 Stück fasst.
3¾, 5⅛ bis 5¼ Piaster per Stück	Die Höhe des Verbrauches dieses Artikels, der der ärmeren Bevölkerung als Gürtel dient, ist unveränderlich in der gleichen Höhe.
11¾—12½ Piaster per englische Pfund 10¾—11 Piaster per englische Pfund	Das Stück misst ohne Ausnahme 24 Yards. Die Breite richtet sich nach dem Gewicht. Die häufigsten Breiten und Gewichte sind: $\frac{\text{Pfund}}{\text{Inches}}\ \frac{6}{28}, \frac{6\frac{1}{2}}{30}, \frac{6\frac{3}{4}}{31}, \frac{7}{32}$; das Gew. des Ballens übersteigt nicht 350—400 engl. Pfd. Die häufigsten Qualitäten sind: $\frac{\text{Pfund}}{\text{Inches}}\ \frac{4}{23}, \frac{5}{25}, \frac{6}{28}$.
10—10 15/40 Piaster per englische Pfund	Die Länge und Breite des Stückes, wie oben die häufigsten Qualitäten, sind folgende: $\frac{\text{Pfund}}{\text{Inches}}\ \frac{4}{23}, \frac{4\frac{1}{2}}{24}, \frac{4\frac{3}{4}}{25}, \frac{5}{25}, \frac{5\frac{1}{2}}{28}, \frac{6}{29}, \frac{6\frac{1}{2}}{32}, \frac{6\frac{3}{4}}{32}$.
3⅝ Piaster bei 34 Inch. Breite, 4 Piast. bei 36 Inch. Breite per englische Pfund	Dieses Baumwollgewebe wird in Olozzo mit Indigo blau gefärbt und nach Amerika versendet.
9½—10 Piaster per Pfund	Die Breite beträgt stets 36 Inches, die häufigsten Qualitäten sind: $\frac{\text{Pfd.}}{}\ \frac{5\frac{1}{2}}{\text{10 Piaster}}, \frac{7}{\text{9 Piaster}}, \frac{9}{\text{13 Piaster}}$.
10½—10¾ Piaster per englische Pfund	Das Stück hat 38 Yards Länge bei einer Breite von 59 Inches.

Aleppo: Import.

Namen der Waare	Provenienz	Preis am Orte der Provenienz	Escompte	Durchschnittlicher Verbrauch
Shirtings, ungebleichte, Gew. 5½—8 Pfd.	England	14—14¼ Penny per engl. Pfund	2½%	900—950 Ballen
do. weisse Nr. 700	do.	7 Shillg. 9 Pence per Stück	2½%	90—110 Ballen
do. do. Nr. 200	do.	8 Shillg. 6 Pence bis 12 Sh. 6 Pence das Stück	2½%	350—400 Ballen
do. do. Nr. 100	do.	15⁵/₁₀ Penny bis 17⅓ Penny per Stück	2½%	180—200 Ballen
Tangibs	do.	18 Pence per Pfd.	2½%	900—1000 Ballen
Cambriks für Schleier	do.	19 Shillings bis 19 Sh. 6 Pence per Stück	2½%	600—700 Stück
Packleinwand	do.	3⁵/₈ Penny per Yard	3%	400—500 Stück
Säcke	do.	10, 13 und 14½ Penny per Sack.	3%	5000—6000 Stück
Baumwollgarne, weisse, Nr. 12, „Mac Clure"	do.	13½ Penny per Pfund	2%	120—150 Ballen
do. Nr. 20, do.	do.	14 Pence per Pfund	2%	1800—1850 Ballen
do. do. „John Murr"	do.	13½ Penny per Pfund	2%	1400—1500 Ballen
Baumwollgarne, rothe	do.	2 Sh. 10 Pence per Pfund	2½%	800—1000 Ballen

Gruppe.

Platzpreise	Anmerkungen
11 11¹/₄ Piaster per engl. Pfund	Das Stück ist 38 Yards lang und 38 bis 39 Inches breit.
80 Piaster das Stück	Der Ballen enthält 40 Stück von 40 Yards Länge, 39 bis 40 Inches Breite. Diese Qualität wird zur Anfertigung von Leichentüchern verwendet.
90–110 Piaster per Stück nach Qualität	Länge und Breite wie oben.
147¹/₂–155 Piaster per Stück nach Qualität	do. do. do.
13¹/₂–15 Piaster per engl. Pfund	Die Preise richten sich nach dem Gewichte. Die häufigsten Qualitäten sind zu Pfd. 1³/₄, 2, 2¹/₂, 3, 3¹/₂. Der Ballen enthält 150–200 Stück je nach dem Gewichte.
185 Piaster per Stück	Das Stück hat eine Länge von 24 Yards bei einer Breite von 43 Inches.
3 Piaster per Yard	Das Stück misst 85 bis 90 Yards. Die Breite beträgt 40 Inches (englische Zoll).
7, 8¹/₂ und 9¹/₂ Piast. per Sack	Die häufigsten Dimensionen und Preise, sowie Gewichte sind: 48 Inches lang, 28 Inches breit, 2¹/₂ Pfd. 10 Pence. 54 Inches lang, 30 breit, 3¹/₂ Pfd. 60 Inches lang, 30 breit, 3¹/₂ Pfd. 13 Pence. 14¹/₂ Penny.
106¹/₂ Piaster per Packet von 10 engl. Pfund	
108¹/₂ Piaster per engl. Pfd.	Der Ballen enthält 35 bis 36 Packete im Gewichte von 10 engl. Pfund das Packet.
103–105 Piaster per engl. Pfd.	
240–245 Piaster per Packet von 10 engl. Pfund	Der Ballen enthält 30 Packete von etwas über 10 engl. Pfund per Packet.

Aleppo: Import.

Fünfte

Namen der Waare	Provenienz	Preis am Orte der Provenienz	Escompte	Durchschnittlicher Verbrauch
Baumwollgarne, rothe	Deutschland	33—35½ Frc. per Packet, franco Triest u. Marseille	—	800—1000 Ballen
Baumwollgarne, rothe	Schweiz	32—33 Frcs. franco Triest u. Marseille	—	
Baumwollgarne, orangegelbe	England	17—18 Pence per Pfund	$2\frac{1}{2}\%$	400—500 Ballen
do. do.	Schweiz	21—21½ Frc. per Packet von 10 Pfund, franco Alexandrette	—	
Baumwollgarne, gelbe	do.	19—19½ Frc. per Packet von 10 Pfund, franco Alexandrette	—	30—40 Ballen
do. do.	England	17¾ Penny per engl. Pfund	$2\frac{1}{2}\%$	
Indiennes für Möbel	do.	12 Shillings per Stück von 2 Farben. 13½ Sh. von 3—5 Farben	$2\frac{1}{2}\%$	600—700 Stück
Indiennes verschiedener Gattungen	do.	11 Shillings das Stück	$2\frac{1}{2}\%$	900—1000 Ballen
Indiennes, blau und orangegelb	do.	7 Shillings 6 Pence das Stück	$2\frac{1}{2}\%$	35—40 Ballen
Indiennes, rothe, weisse oder vielfarbige	Schweiz	13½ Frc. per Stück, franco Alexandrette.	—	2000—2500 Stück
Musseline, bedruckte	England	5 Sh. 9 Pence, 8 Sh. 6 Pence per Stück von 24 Yards	$2\frac{1}{2}\%$	1000—1200 Stück
Dyed Brocades	do.	9 Sh. 4 Pence per Stück von 24 Yards	$2\frac{1}{2}\%$	1200—1400 Stück

Gruppe.

Aleppo: Import. 123

Platzpreise	Anmerkungen
240—245 Piaster per Packet von 10 engl. Pfd. 230—235 Piaster per Packet von 10 engl. Pfd.	Der Ballen enthält 30 Packete von etwas über 10 engl. Pfund per Packet.
155—160 Piaster per Packet von 10 engl. Pfund	Wie die Rothgarne.
140—145 Piaster per Packet von 10 engl. Pfund	Der Ballen enthält 30 Packete, von denen jedes etwas mehr als 10 engl. Pfund wiegt.
4 Piaster 2farbig per Yard 5 Piaster 3—5 farbig per Yard	Der Ballen enthält 40 Stück, in der Länge von 24 Yards und der Breite von 24 Inches.
$3^{1}/_{2}$ Piaster per Yard	Der Ballen enthält 80 Stück von 27 bis 28 Yards. Die Breite beträgt 28—29 Inches.
65 Piaster per Stück	Der Ballen enthält 100 Stück von 28 Yards Länge und 25 Inches Breite.
$102^{1}/_{2}$—110 Piaster per Stück	Das Stück misst 22 Ellen von 37 Zoll; die Breite beträgt 20 Zoll. Der Ballen enthält 100—120 Stücke.
2—3 Piaster per Yard	Das Stück hat eine Länge von 24 Yards und eine Breite von 30—32 Inches.
$3^{1}/_{2}$ Piaster per Yard	

Aleppo: Import.

Fünfte

Name der Waare	Provenienz	Preis am Orte der Provenienz	Escompte	Durchschnittlicher Verbrauch
Piqué, weisser	England	7½—8 Pence per Yard.	2½%	100—120 Stück
Piqué, farbiger	do.	7—10 Pence per Yard.	2½%	100—150 Stück
Lappetz	do.	2 Sh. 6 Pence bis 5 Sh. das Stück von 10 Yards.	2½%	800—1000 Stück
do.	do.		2½%	$\frac{10.000}{56 \text{ Inches}}$ Dutzend $\frac{15.000}{46 \text{ Inches}}$ Dutzend
Matratzen-Leinwand	do.	4 Pence per Yard 2farbig, 5 Pence vielfarbig	2½%	200—250 Stück
Musseline gestickte	Schweiz	9—10 Frcs. per Stück franco Alexandrette.	—	250—300 Stück
Musseline culuminée.	do.	8—9 Frcs. per Stück franco Alexandrette	—	300—400 Stück
Guluses Robes oder Citaris	do.	3.65—4 Frcs. per Stück	—	27.000—30.000 Stück
Printanière mit rothem Grunde	do.	5¾ Frcs. per Elle von 34 Zoll französisch	—	7500—8000 Stück
Leinen-Drill weisser	England	18—23 Pence per Yard.	7½%	100—120 Stück
Leinen-Drill grauer	do.	14—16 Pence per Yard	7½%	70—80 Stück

Aleppo: Import.

G r u p p e.

Platzpreise	Anmerkungen
7—8 Piaster per Yard	Eine Kiste enthält 30—40 Stück. Die Länge desselben beträgt 30—31 Yards, die Breite 27 Inches.
7—11 Piaster per Yard	Eine Kiste enthält 30—40 Stück. Die Länge desselben beträgt 30—31 Yards, die Breite 27 Inches.
25—55 Piaster per Stück	
	Dieser Artikel wird in Mesopotamien consumirt, der Ballen enthält 100—150 Dutzend.
$1^1/_2$ Piaster 2farbiger $5^1/_2$ Piaster vielfarbiger per Yard	Dieser neu eingeführte Artikel hat eine Länge von 56 Yards.
70—85 Piaster per Stück	Das Stück misst 6 Ellen.
60—70 Piaster per Stück	Das Stück misst 6 Ellen.
27—30 Piaster per Stück	Dieser Artikel wird eingeführt in Kisten von 300 Stück, das Stück ist 250 französische Zoll lang und 19 bis 20 französische Zoll breit.
$3^3/_4$—4 Piaster per Elle von 34 Zoll	Die Kiste enthält 50 Stück von 50—55 Ellen Länge. Dieser Artikel findet einen regelmässigen und leichten Absatz.
13—16 Piaster per Pik	Die Länge des Stücks beträgt 50—52 Yards. Mit Baumwolle gemengter Drill aus Sachsen hat einen geringen Absatz.
11—13 Piaster per Pik	

Aleppo: Import.

Fünfte

Namen der Waare	Provenienz	Preis am Orte der Provenienz	Escompte	Durchschnittlicher Verbrauch
Moire antique	Frankreich	$11^1/_2$ Frc. per Meter	15%	30—40 Stück
Moire antique brodée	do.	$10^3/_4$ Frc. per Meter	15%	80—90 Stück
Seidengaze	do.	$2^1/_2$ Frc. per Meter	15%	10—15 Stück
Schleier aus Seidengaze	do.	50—60 Cent. per Meter	15%	80—100 Stück
Gros de Syrie	do.	14—20 Frcs. per Meter	15%	20—22 Stück
Atlas (caminée)	do.	17—20 Frcs. per Meter	15%	5—6 Stück
Atlas 1. Qualität	Schweiz	$2^1/_2$ Frc. per Pik	15%	140—160 Stück
Atlas 2. Qualität	do.	$2^9/_{10}$ Frc. per Pik	15%	50—60 Stück
Atlas mit Baumwolle gemengt	do.	$2^1/_2$—3 Frc. per Pik	15%	40—50 Stück
Atlas (Satin turc)	do.	$1^7/_{10}$ Frc. per Pik	15%	100—120 Stück
Silk broché	Sachsen	$1^1/_4$—$1^1/_2$ Frc. per Pik		40—50 Stück
Sammt	Deutschland und Frankreich	20—21 Frcs. per Meter	15%	10—12 Stück

Gruppe.

Platzpreise	Anmerkungen
50—55 Piaster per Pik	Provenienz Lyon. Die Preise sind grossen Schwankungen am Erzeugungsorte unterworfen; dieser Umstand, sowie der Wechsel der Mode bestimmen die Preise. Die Waare kommt in doppelten Kisten an. Das Stück hat eine Länge von 30 Metern.
17—52 Piaster per Pik	
13—14 Piaster per Pik	Geringer Verbrauch, die deutsche Seidengaze beginnt mit der französischen zu concurriren.
3—4 Piaster per Pik	Der Artikel kommt von Lyon, die Länge des Stücks beträgt 25 Meter.
70—90 Piaster per Pik	Das Stück hat eine Länge von 20—22 Metern. Diese 2 Artikel werden auch in Elberfeld fabricirt; der Dessin ist jedoch wenig gleichförmig und elegant.
80—100 Piaster per Pik	
$14^1/_2$—15 Piaster per Pik	Diese 3 Artikel sind eine Specialität der Züricher Fabriken, die sie billiger und besser herstellen, als anderwärtige Fabriken, so zwar, dass weder Lyon noch Florenz mit Erfolg concurriren kann. Das Stück hat eine Länge von 60—62 Pik; der Satin turc eine Länge von 100—120 Pik.
17—$17^1/_2$ Piaster per Pik	
20—24 Piaster per Pik	
$10^1/_2$—11 Piaster per Pik	Die Ausstattung ist die gleiche wie jene von Lyon.
12—14 Piaster per Pik	Die sächs. Qualität ist gesucht wegen ihrer Billigkeit. Das St. hat eine Länge von 60—62 Pik; die Ausstattung ist die gleiche, wie bei den übrigen Seidengeweben. Das Muster illustrirt die Qualität zu $1^1/_2$ Frc.
80—90 Piaster per Pik	Elberfeld concurrirt mit Erfolg gegen die Lyoneser Seiden- und Halbseidensammte.

Neunte

Namen der Waare	Provenienz	Preis am Orte der Provenienz	Escompte	Durchschnittlicher Verbrauch
Glaswaaren	England	Verschieden nach der Qualität		
Fensterscheiben	Belgien	14½—16½ Frcs. per 100 Stück	—	400—600 Kisten

Eilfte

Namen der Waare	Provenienz	Preis am Orte der Provenienz	Escompte	Durchschnittlicher Verbrauch
Papier (papale)	Italien	20—21 Frcs. per Ries	3%	500—600 Ries
Papier, schwaches, blaues	Frankreich und Schweiz	5.50—6 Frcs. per Ries	4%	800—1000 Ries
Papier cloche	Frankreich	4½ Frcs. per Ries.	15%	4000—4500 Ries
Papier, Packpapier	do.	30—35, 24 Frcs. per Ries	2%	11,000—12,000 Ries
Papier, Packpapier blaues	do.	45, 24 Frcs. per Ries	4%	700—800 Ries
Cigarettenpapier	do.	1.80—2 Frcs. per Schachtel	—	300—400 Ries

Aleppo: Import.

Gruppe.

Platzpreise	Anmerkungen
--	Die englische Waare als Gläser etc. wird der böhmischen vorgezogen.
155—165 Piaster	Die Waare wird in Kisten verschiedener Grösse eingeführt.

Gruppe.

175 Piaster per Ries	Dieses aus Livorno eingeführte Papier, wird als Emballage für die Alepiner Ganz und Halbseiden-Fabrikate verwendet.
52—54 Piaster per Ries	Das Ries wiegt 3 Kilogramm.
29 Piaster per Ries	
11—13½ Piaster per Ries	Der Preis richtet sich nach dem Gewichte, welches zwischen 2 und 3½ Kilogramm per Ries variirt.
17—18 Piaster per Ries	
5¼—5½ Piaster per Ries 2 Schachteln	Die Kiste enthält 200 Schachteln, die Schachtel 60 Büchel von 50 Blättern, die Marken sind verschieden. Das Muster stellt die beliebteste Gattung dar.

Uebersicht der Waaren-Einfuhr nach Beirut im Jahre 1871/1872.

I. Gruppe.
Bergbau und Hüttenwesen.

	Quantität	Provenienz	Werth in Franken	Gesammtwerth
Steinkohlen	750 Tonnen	England		35,000
Eisen	12.500 Centner	England	151.000	
	2000 „	Frankreich	78.500	652.000
	450 „	Belgien	12.500	
	300 „	Schweden	110.000	
Zinn	107 Centner	Oesterreich	2500	
Blei	70 „	England	69.500	79.500
Zink	50 „	Frankreich	7500	
Blech	153 „			
Kupfer	550 „	England		120.700
Quecksilber		Frankreich		1.450
		Italien		4.000
Asphalt	350 Colli	Frankreich		7.000
Alaun	340 Centner			
Vitriol	710 „	England		30.000
Schwefel	135 „	Frankreich	3500	9.500
	210 „	Italien	6000	
				939.150

II. Gruppe.
Land- und Forstwirthschaft und Gartenbau.

	Quantität	Provenienz	Werth	Gesammtwerth
Hülsenfrüchte, trockene		Frankreich		1.000
Rosshaar		Oesterreich	3000	7.000
		Frankreich	4000	
Zimmerholz, Holzwerk, Bretter, Balken	28.000 Bretter	Oesterreich	98.000	104.000
	200 Balken	Amerika	6000	
Reis	10.300 Säcke	England	298.000	
	520 „	Frankreich	17.800	2,153.800
	52.100 „	Italien	1,838.000	
Kaffee	1232 „	England	315.000	778.000
	1928 „	Frankreich	463.000	
Pfeffer	1560 „	England		128.000
Theer		Frankreich		3.000
				3,171.800

III. Gruppe.
Chemische Industrie.

	Quantität	Provenienz	Werth	Gesammt-werth in Franken
Droguen, Medicinalien		Oesterreich	73.600	
Chemische Producte, Farben		England	81.000	
Farben, fettes	1121 Kisten			257.000
Oel für die Druckerei		Frankreich	93.800	
Farben aus England		Italien	8600	
Seife, Parfümerien	62 Kisten	Oesterreich	8000	24.500
		England	6000	
Firniss, feiner		Frankreich	10.500	
Zündhölzchen	2390 Kisten	Oesterreich	94.200	98.000
	64 „	Frankreich	3800	
Cochenille	107 Säcke	Frankreich		111.300
Mineralwasser		Oesterreich	1200	8.200
		Frankreich	7000	
Kerzen	216 Kisten	England	21.900	78.900
	326 „	Frankreich	36.000	
	200 „	Belgien	21.000	
Stärke	104 Kisten	Frankreich		15.300
Petroleum, raffinirtes	750 Fässer	Italien	12.000	2,122.000
	112.200 Kisten	Amerika	2,110.000	
				2,715.200

IV. Gruppe.
Nahrungs- und Genussmittel als Erzeugnisse der Industrie.

	Quantität	Provenienz	Werth	Gesammtwerth
Spiritus	91 Fässer,	Oesterreich	30.400	
Liqueure	546 Kisten	England	26.900	135.300
Wein	170 Fässer	Frankreich	78.000	
Wein in Flaschen	280 Kisten			
Bier	462 Fässer	Oesterreich	13.300	
	355 Kisten	England	14.000	34.200
	150 „	Frankreich	6900	
Oel, Conserven		Oesterreich	1700	
Butter	418 Kisten	England	16.000	129.200
Salzfleisch	20 Fässer	Frankreich	102.600	
	aus Triest	Italien	3900	
		Schweiz	5000	
Zuckerwerk und Syrup	32 Kisten	Frankreich		18.700
				317.400

IV. Gruppe.

	Quantität	Provenienz	Werth in Piastern	Gesammtwerth
Bisquit Mehlwaaren (Paste)	874 Kisten	England Italien		317.400 1400 37.700
Mehl	7000 Säcke	Frankreich Russland	2100 210.900	213.000
Zucker	4600 Säcke 549.000 ,, 1,100.000 ,,	Oesterreich England Frankreich	5800 439.500 870.000	1,315.300
Cigarren	22 Kisten, eine grössere Menge wird eingeschwärzt	Oesterreich Deutschland England Schweiz	1600 7000 5000	13.600
				1.898.100

V. Gruppe.
Textile und Bekleidungs-Industrie.

	Quantität	Provenienz	Werth	Gesammtwerth
Baumwollwaaren	ca. 6000 Ballen 7650 Ballen im Ganzen	Oesterreich u. Deutschland England Frankreich Schweiz Italien	375.500 7,670.500 330.000 970.000 61.300	9,407.300
Seidenwaaren	96. Kisten	Oesterreich u. Deutschland England Frankreich Italien Schweiz	10.000 25.000 330.000 18.000 12.000	395.000
Tuch und Halbtuch	355 Ballen, einiges kommt aus Belgien über Deutschland und Frankreich	Oesterreich u. Deutschland England Frankreich	1,110.500 340.000 223.000	1,673.500
Schafwollwaaren und gemischte Stoffe	833 Ballen	Oesterreich u. Deutschland England Frankreich Schweiz	144.200 996.100 355.000 470.000	1,965.200
Posamentier- und Modeartikel	102 Kisten	Oesterreich Frankreich Italien	94.000 277.000 1500	372.500
				13,813.500

V. Gruppe.

	Quantität	Provenienz	Werth	Gesammtwerth in Piastern
				13,813.500
Rothe Mützen	203 Kisten	Oesterreich	134.400	
		Frankreich (Algier)	8400	142.800
Seide u. Duplonen	6000 Kilogr.	Frankreich		177.000
Strickwerk, Tauwerk, Hanf	103 Colli	Frankreich	13.500	
		Italien	8000	21.500
Gold- und Silberfäden		Oesterreich	95.000	
		Frankreich	3200	98.200
Schuhwaaren	87 Kisten	Oesterreich	34.000	
		England	15.000	
		Frankreich	54.000	115.000
		Griechenland	12.000	
				14,368.000

VI. Gruppe.
Leder- und Kautschuk-Industrie.

	Quantität	Provenienz	Werth	Gesammtwerth
Lederwaaren u. zubereitete Felle	363 Colli	Oesterreich	40.400	
		England	19.000	
		Frankreich	90.200	179.400
		Griechenland, Italien	7000	
			22.800	
				179.400

VII. Gruppe.
Metall-Industrie.

	Quantität	Provenienz	Werth	Gesammtwerth
Eisenwaaren	2019 Kisten	Oesterreich	42.300	
Eisenstangen	23 „	Frankreich	87.500	308.450
Mobilien a. Eisen (Betten etc.)	215 „	Belgien	21.650	
		England	157.000	
Stahl in Stangen	400 Kisten	Oesterreich	18.200	
	400 „	Belgien	16.800	39.800
		England	4800	
Waffen und Blei für die Jagd	3 Kisten	Frankreich	16.400	19.400
	246 Fässer	Oesterreich	3000	
Goldarbeit		Oesterreich	19.900	54.900
		Frankreich	35.000	
				422.550

VIII. Gruppe.
Holz-Industrie.

	Quantität	Provenienz	Werth in Piastern	Gesammtwerth
Möbel, Spiegel, Sessel etc.	312 Colli 60 Dutzend	Oesterreich England Italien	96.100 8500 7000	111.900

IX. Gruppe.
Stein-, Thon- und Glaswaaren.

	Quantität	Provenienz	Werth	Gesammtwerth
Erdgeschirre u. Glaswaaren	2366 Kisten	Oesterreich England Frankreich Italien Belgien	205.800 131.500 127.700 18.700 9500	493.200
Marmor, Marmorplatten etc.		Italien		130.000
				623.200

X. Gruppe.
Kurzwaaren-Industrie.

	Quantität	Provenienz	Werth	Gesammtwerth
Spielzeug, Galanteriewaaren, Lampen, Sonnenschirme, Spazierstöcke, Cigarrettenpapier	720 Kisten	Oesterreich England Belgien Frankreich Italien	183.800 238.400 8000 135.600 5500	571.300

XI. Gruppe.
Papier-Industrie.

	Quantität	Provenienz	Werth	Gesammtwerth
Schreib-, Druck- und Packpapier, Pappendeckel	2311 Colli 30 Colli	Oesterreich (Fiume) Frankreich England Italien Belgien	198.000 180.000 20.500 6500	405.000

XII. Gruppe.
Graphische Künste und gewerbliches Zeichnen.

	Quantität	Provenienz	Werth	Gesammtwerth
Bücher, Druckwerke, Lithographien	23 Colli	Oesterreich Frankreich England	1200 5000 8000	14.200

XIII. Gruppe.
Maschinenwesen und Transportmittel.

	Quantität	Provenienz	Werth in Piastern	Gesammtwerth
Landwirthschaftliche Maschinen. Druckerpressen und Wagen		Frankreich		8.200

XIV. Gruppe.
Wissenschaftliche Instrumente.

Uhren u. Uhrenbestandtheile		Oesterreich	17.000	73.500
		Frankreich	16.000	
		Schweiz	10.000	

XV. Gruppe.
Musikalische Instrumente.

Pianoforte		Oesterreich	7000	16.000
		Frankreich	9000	

XVIII. Gruppe.
Bau- und Civil-Ingenieurwesen.

Eisenstangen		England		230.000
Kreide, Cement (Kitt)		Frankreich		15.800
Ziegelsteine, Dachziegel		do.		15.000
				260.800

Uebersicht der Waaren-Ausfuhr von Beirut im Jahre 1871.
I. Gruppe.

	Bestimmung	Werth in Franken	Gesammtwerth
Erdpech	Oesterreich England Frankreich Italien	2000 512.000 24.000 2000	540.000
Altes Kupfer	Frankreich		4.500
			544.500

II. Gruppe.

	Bestimmung	Werth in Franken	Gesammtwerth
Tabak	Oesterreich England	600 6000	6.600
Baumwolle	England Frankreich Italien	10.000 26.000 1800	37.800
Seidencocons	Frankreich Italien	1.570.000 24.600	1.594.600
Gesalzene Felle von Ochsen und Ziegen	Oesterreich England Frankreich Italien Griechenland Russland	30.000 10.000 353.000 18.000 45.000 7000	463.000
Krapp	Oesterreich England Frankreich	30.000 8000 1500	39.500
Schafwolle, ungewaschen und halbgewaschen	England Frankreich Italien Amerika	729.000 120.000 15.800 488.900	1.353.700
Anies, Scamonienharz, Galläpfel, Senf	Oesterreich England Frankreich	3000 51.000 37.700	94.700
Mandeln	Oesterreich Frankreich Italien	115.200 35.000 30.000	180.200
Rosinen, Pomeranzen, Limonen.	Oesterreich England Frankreich Russland	1500 9000 1000 2000	16.500
	Frankreich		30.000
			3.816.600

III. Gruppe.

	Bestimmung	Werth in Franken	Gesammt-werth
Opium (Mohnextract)	Frankreich	2500	2.500
Soda, Oel	do.	8600	8.600
			11.600

V. Gruppe.

Hadern	England	46.000	
	Frankreich	8800	103.300
	Italien	25.000	
	Amerika	23.500	
Rohe Seide, Abfälle	Frankreich	6,580.000	
	Italien	5800	6,596.500
	Griechenland	7000	
Teppiche und verschiedene Gewebe	England	3700	
	Oesterreich	8400	14.900
	Frankreich	6500	
Schwämme	Oesterreich	127.000	
	Frankreich	190.000	342.000
	Russland	25.000	
			7,056.700

Rückblick und Uebersicht nach den Gruppen.

			Einfuhr	Ausfuhr
I. Gruppe:	Bergbau und Hüttenwesen		939,150	544,500
II.	„	Land- und Forstwirthschaft und Gartenbau	3,174,800	3,816,600
III.	„	Chemische Industrie......	2,715,200	11.100
IV.	„	Nahrungs- und Genussmittel als Erzeugnisse der Industrie...........	1,898,100	
V.		Textile und Bekleidungs-Industrie...............	11,368,000	7,056,700
VI.	„	Leder- und Kautschuk-Industrie	179,400	
VII.	„	Metall-Industrie...........	422,550	
VIII.	„	Holz-Industrie	111,900	
IX.	„	Stein-, Thon- und Glaswaaren	623,200	
X.	„	Kurzwaaren-Industrie	571,300	
XI.	„	Papier-Industrie	105,000	
XII.	„	Graphische Künste und gewerbliches Zeichnen..	111,200	
XIII.		Maschinenwesen und Transportmittel........	820	
XIV.	„	Wissenschaftliche Instrumente................	73,500	
XV.		Musikalische Instrumente.	16,000	
XVIII.		Bau- und Civil-Ingenieurwesen................ .	260,800	
		Gesammtsumme	25,781,600	11,128,900

Rückblick nach der Provenienz und Bestimmung.

	Einfuhr	Ausfuhr
Amerika	2,116,000	512,100
Belgien	90,950	
England	11,929,100	1,387,700
Frankreich	4,151,250	9,002,100
Griechenland	19,000	52,000
Italien	2,188,000	115,400
Oesterreich und Deutschland	3,163,900	325,300
Russland	210,900	34,000
Schweden	110,000	
Schweiz	1,502,500	
Gesammtsumme	25,781,600	11,428,900

NB. Der gegenüber der Einfuhr so sehr im Rückstande bleibende Werth der Ausfuhr erklärt sich theilweise dadurch, dass ein grosser Theil der syrischen Häfen ihre Producte direct nach dem Auslande exportiren, die Producte des Auslandes hingegen über Beirut beziehen.

Uebersicht der durchschnittlichen Waaren-Einfuhr nach Cypern nach den Ergebnissen der Jahre 1871 und 1872.

II. Gruppe.
Land- und Forstwirthschaft und Gartenbau.

	Quantität	Provenienz	Werth	Gesammtwerth in Piastern
Färbeholz	2000 Okken	Oesterreich		4.000
Tabak	45.000 Okken	Griechenland und eur. Türkei		855.000
Reis	4500 Säcke	Frankreich Italien England		853.400
Kaffee	1200 Säcke	Frankreich		780.000
Pfeffer	1000 Säcke	England Frankreich		100.000
				2,592.400

III. Gruppe.
Chemische Industrie.

Zündhölzchen	150 Kisten	Oesterreich		12.000
Petroleum	450 Kisten	Amerika		45.000
Indigo	1100 Kisten	England		165.000
				222.000

IV. Gruppe.
Nahrungs- und Genussmittel als Erzeugnisse der Industrie.

Zucker	2500 Fässer à 100 Kilogr.	Frankreich		1,136.364
Butter	15.000 Okken	Oesterreich Russland		180.000
Gewürznelken und Zimmt	in Kisten und Säcken	Oesterreich		12.000
				1,328.364

141

V. Gruppe.
Textile und Bekleidungs-Industrie.

	Quantität	Provenienz	Werth in Piaster	Gesammtwerth
Amerikanische Leinwand	25.000 Stück	England		1,275.000
Shirtings (Madapolan)	3200 Stück	England		356.000
Zitz (Indiennes)	10.000 Stück	England		760.000
Tuch- und Wollstoffe	2500 Ellen	Oesterreich Deutschland Frankreich		89.000
Seidenwaaren	2000 Ellen	Schweiz Italien Frankreich		31.000
Merinos	450 Stück	Deutschland		94.500
Linnenzeug	250 Stück	Schweiz Deutschland		52.500
Taschentücher	45.000 Stück	Schweiz		80.000
Rothe türkische Mützen	6000 Stück	Schweiz Oesterreich		40.000
Baumwollgarn	5000 Packete	England		380.000
Silberdraht, falscher	500 Packete	England		57.200
				3,218.500

VI. Gruppe.
Leder- und Kautschuk-Industrie.

Leder, Lackleder	150 Ballen u. 650 Dutzend Stück	Frankreich Griechenland Oesterreich		895.000

VII. Gruppe.
Metall-Industrie.

Eisen, Eisenplatten	12.000 Platten 2000 „ 6000 Stangen 6000 „ 600 „	Schweden England Oesterreich Deutschland Frankreich		650.250

VII. Gruppe.

	Quantität	Provenienz	Werth in Piastern	Gesammtwerth
Stahl	100 Kisten	Oesterreich		650.250 20.000
Kupfer,	6000 „	Oesterreich		116.000
Küchengeschirr	1000 „	England		
				786.250

VIII. Gruppe.
Holz-Industrie.

Bretter		Oesterreich		5.000

IX. Gruppe.
Stein- Thon- und Glaswaaren.

Glaswaaren, Spiegel	100 Kisten	Oesterreich		800.000
Erdgeschirre	350 Kisten	England		150.000
				950.000

XI. Gruppe.
Papier - Industrie.

Schreibpapier	5 Kisten	Oesterreich Frankreich		5.000
Spielkarten	4 Kisten	Oesterreich Frankreich		3.000
Cigarettenpapier	55 Kisten	Oesterreich		60.000
				68.000

Uebersicht der Ausfuhr-Waaren aus Cypern.

I. Gruppe.
Bergbau und Hüttenwesen.

	Quantität	Provenienz	Werth	Gesammtwerth in Piastern
Braunrothfarbe	3000 Tonnen	Italien Frankreich England		36,000

II. Gruppe.
Land- und Forstwirthschaft und Gartenbau.

	Quantität	Provenienz		Gesammtwerth
Getreide	500,000 Kilo	England Frankreich		11,500,000
Gerste	1,000,000 Kilo	England Frankreich		11,000,000
Baumwolle	8000 Ballen	Oesterreich Frankreich England		6,300,000
Krapp	300,000 Ballen	Oesterreich Frankreich England		1,500,000
Schafwolle	120,000 Ballen	Frankreich Amerika		660,000
Ochsen-, Ziegen-, Schaffelle	10,000 Stück 60,000 „ 70,000 „	Italien Griechenland Oesterreich Frankreich England		655,000
Johannisbrod	50,000 Cantar à 400 Pfund	Oesterreich Frankreich Russland England Italien Griechenland		6,000,000
Seide u. Cocons	45,000 Okken	Frankreich		900,000
Oelsamen	150,000 „	„		225,000
Sesam	30,000 „	„		90,000
Rosinen	75,000 „	Egypten		88,750
Haselnüsse	50,000 „	„		100,000
Mandeln	2000 „	„		4,000
				39,022,750

IV. Gruppe.
Nahrungs- und Genussmittel als Erzeugnisse der Industrie.

	Quantität	Provenienz	Werth	Gesammtwerth in Piastern
Wein, gewöhnl.	426.000 Okken	Italien Egypten		620.000
Kommanderie-wein	80.000 ,,	Oesterreich Russland		
Branntwein	150.000 ,,	Egypten		600.000
				1,220.000

Rückblick und Uebersicht der Waaren-Einfuhr nach den Gruppen.

II. Gruppe.	Land- und Forstwirthschaft und Gartenbau	2,592.400
III. ,,	Chemische Industrie	222.000
IV. ,,	Nahrungs- und Genussmittel als Erzeugnisse der Industrie	1,328.364
V. ,,	Textile und Bekleidungs-Industrie	3,218.500
VI. ,,	Leder- und Kautschuk-Industrie	895.000
VII. ,,	Metall-Industrie	786.250
VIII. ,,	Holz-Industrie	5.000
IX. ,,	Stein-, Thon- und Glaswaaren	950.000
XI. ,,	Papier-Industrie	68.000
	Gesammtwerth Piaster	10,065.514

Rückblick und Uebersicht der Waaren-Ausfuhr aus Cypern.

I. Gruppe.	Bergbau und Hüttenwesen	36.000
II. ,,	Land- und Forstwirthschaft und Gartenbau	39,022.750
IV. ,,	Nahrungs- und Genussmittel als Erzeugnisse der Industrie	1,220.000
	Gesammtwerth Piaster	40,278.750

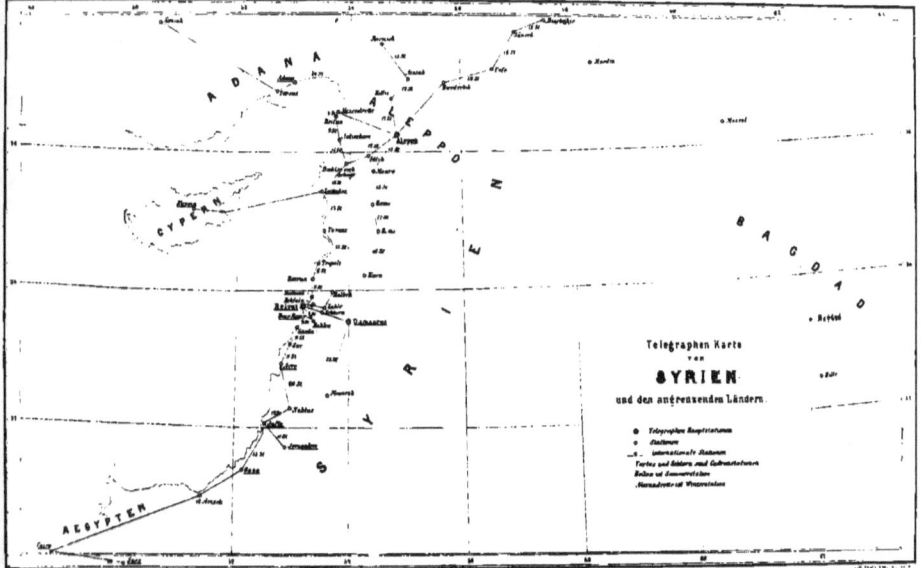

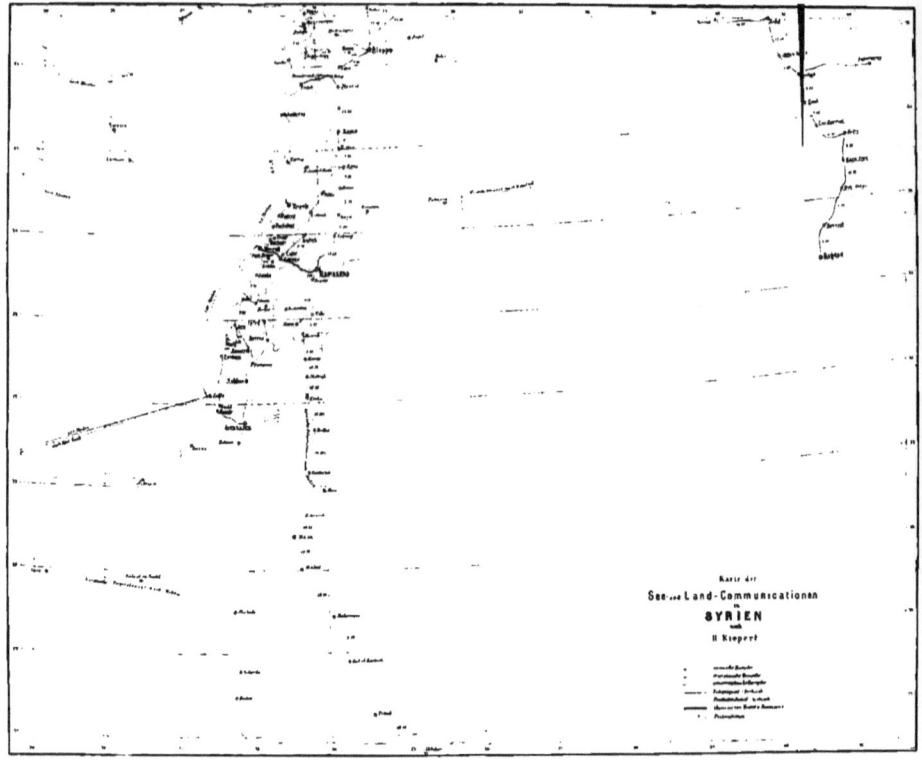

www.ingramcontent.com/pod-product-compliance
Lightning Source LLC
Chambersburg PA
CBHW022127160426
43197CB00009B/1183